Martin Jehne

CAESAR

W0057313

Verlag C.H. Beck

Mit 4 Abbildungen

1. Auflage. 1997
2. Auflage. 2001
3. Auflage. 2004

4., aktualisierte Auflage. 2008

Originalausgabe
© Verlag C. H. Beck oHG, München 1997
Gesamtherstellung: Druckerei C. H. Beck, Nördlingen
Umschlagentwurf: Uwe Göbel, München
Printed in Germany
ISBN 978 3 406 41044 4

www.beck.de

Inhalt

Abb. 1: Caesar, Bildniskopf aus Tusculum
(Deutsches Archäologisches Institut, Rom)

I. Mitgefangen – mitgehangen?

Niemand hätte im Jahre 81 v. Chr. angenommen, daß der 19jährige Gaius Iulius Caesar eine große Zukunft vor sich hatte, ja man konnte sogar mit Fug und Recht bezweifeln, daß er überhaupt noch eine Zukunft besaß. Caesar befand sich nämlich auf der Flucht. Als einfacher Mann verkleidet, hatte er sich bei Nacht aus Rom davongestohlen, aus Furcht vor Verrat wechselte er nun häufig das Versteck, obwohl er vom Fieber geschüttelt war. Als ihn dennoch die Häscher aufspürten, griff er zum vorletzten Ausweg: Er zahlte ihnen eine beträchtliche Summe dafür, daß sie ihn verschonten. Das Glück, von dem sich Caesar sein Leben lang begünstigt fühlte, kam ihm hier besonders zu Hilfe: Die Häscher waren im Rahmen ihrer Verhältnisse offenbar Ehrenmänner und verzichteten darauf, das Geld zu nehmen und das Opfer dennoch umzubringen. So kam Caesar noch einmal davon, doch war er damit noch nicht endgültig gerettet. Erst als seine einflußreichen Verwandten den allmächtigen Dictator Sulla überredet hatten, den unbedeutenden jungen Mann zu begnadigen, konnte sich Caesar einigermaßen sicher fühlen.

Wie war Caesar überhaupt in diesen Schlamassel geraten? Am 1. November des Jahres 82 hatte sich Lucius Cornelius Sulla in der Schlacht am Collinischen Tor, einem der Stadttore Roms, durchgesetzt und damit einen blutigen Bürgerkrieg zu seinen Gunsten entschieden. Da Sulla schon im Vorfeld der Kriegshandlungen angekündigt hatte, er werde das jetzige Regime und dessen Kollaborateure ausmerzen, hatte man in Rom und Italien, das fünf Jahre lang von den Gegnern Sullas kontrolliert worden war, allen Grund, vor dem Sieger zu zittern. Tatsächlich ging Sulla mit gnadenloser Brutalität daran, das zu tun, was er für seine Pflicht hielt: sich für erlittene Demütigungen und Kränkungen zu rächen und – was für ihn mehr oder weniger dasselbe war – die Feinde des Staates zu vernichten.

Sulla kommt der zweifelhafte Ruhm zu, die Proskriptionen erfunden zu haben. Mit dem Begriff ist zunächst einmal nur

bezeichnet, daß etwas aufgeschrieben und öffentlich ausgehängt wird, hier also eine Liste mit Namen. Doch nahm der
Terminus mit Sulla gleich die Bedeutung des grauenvollen
Zwecks dieser Namenliste an: Die dort aufgeführten Personen
waren geächtet, sie durften straflos von jedermann getötet
werden, ja es wurde sogar ein Kopfgeld auf sie ausgesetzt,
und ihr Vermögen wurde eingezogen. Bevor die ersten Listen
ausgehängt worden waren, hatte das Morden schon begon-
nen. Die Ächtungen wurden offenbar vor allem deshalb öffentlich bekannt gemacht, um diejenigen ein wenig zu beruhigen, die fürs erste verschont bleiben sollten. Aber die klare
Bestimmung der Zielgruppen nimmt politischem Terror nichts
von seinem Schrecken, im Gegenteil: Die nüchterne Konsequenz, mit der hier eine regelrechte Abschußliste publiziert
wurde, steigert noch das Grauen. So ist es nicht verwunderlich, daß die konstruktive Seite der sullanischen Herrschaft,
die großangelegte Staatsreform, im Sullabild von Zeitgenossen
wie Nachgeborenen stets hinter den Proskriptionen verblaßt
ist.

Caesar hatte das Pech, auf der Seite der Verlierer zu stehen.
Zu der Gruppierung der Gegner Sullas war er nicht etwa im
Zuge einer bewußten politischen Entscheidung gestoßen, sondern dort befand er sich schlichtweg infolge seiner verwandt-
schaftlichen Bindungen. Der große Gaius Marius, der Rom
einst von der schrecklichen Kimbern- und Teutonengefahr
befreit und siebenmal das oberste Staatsamt, das Consulat,
bekleidet hatte, dieser langjährige Gegenspieler Sullas war
Caesars Onkel gewesen, zwar nur angeheiratet, aber immerhin. Daß sich die Iulier, die zum illustren Kreis der patrizi-
schen Familien gehörten und damit zum uralten Geburtsadel,
der einstmals den Staat allein beherrscht hatte, überhaupt
herabgelassen hatten, eine Tochter einem solchen Haudegen
und Parvenu wie Marius zur Frau zu geben, macht deutlich,
daß es mit dem Glanz der Iulier nicht mehr weit her war.
Caesars Vorfahren in direkter Linie hatten es nicht bis zum
Consulat gebracht, und seitdem sich die Patrizier im 4. Jahrhundert v. Chr. dazu hatten bereitfinden müssen, die Staats-

ämter auch den Plebeiern, also den nicht zum Geburtsadel gehörenden Bürgern, zu öffnen, war die Bekleidung des Consulats, dessen beide Stellen jedes Jahr neu besetzt wurden, der wesentliche Nobilitierungsakt für den neu entstehenden Amtsadel geworden. Die Familien, die einen Consul unter ihren Ahnen aufzuweisen hatten, bildeten die Nobilität, und wer zu den *nobiles* gehörte, konnte sich seinerseits Hoffnungen auf eine schnelle politische Karriere machen, womöglich sogar ebenfalls bis zum Consulat. Nun galten für Patrizier nicht ganz dieselben Spielregeln wie für Plebeier, d.h. einem Patrizier konnte man die Qualitäten eines *nobilis* nicht absprechen, auch wenn sich seine Familie aus den Consullisten bisher herausgehalten hatte. Doch da das, was den *nobiles* im harten Konkurrenzkampf um die Spitzenpositionen Vorteile verschaffte, nicht in einem wie auch immer gearteten Rechtsanspruch bestand, sondern in dem Prestige und dem Anhang, den der konkrete Einsatz und der Erfolg der Vorfahren hervorgebracht hatten, war es ein gewaltiger Unterschied, ob man in den Wahlkämpfen um die begehrten Oberämter auf das den Wählern noch in guter Erinnerung befindliche Consulat des Vaters oder Großvaters verweisen konnte oder ob man die Leistungen der Familie aus den Annalen der grauen Vorzeit exhumieren mußte. Insofern war ein Patricier wie Caesars Vater zwar nicht so schlimm dran wie einstmals sein Schwager Marius, der einer plebeischen Familie entstammte, die noch nicht einmal einen Senator, geschweige denn einen Consul hervorgebracht hatte, aber ihm war doch der politische Aufstieg keineswegs in die Wiege gelegt. Er brachte es immerhin 92 zum Praetor, dem zweithöchsten Posten in der regulären Ämterlaufbahn, doch ist es fraglich, ob er noch das heißbegehrte Consulat erreicht hätte, selbst wenn er nicht schon 85 gestorben wäre.

Wieweit Caesars Vater von seinem prominenten Schwager profitierte, wissen wir nicht, doch jedenfalls war es aus der Perspektive der iulischen Familie eine vernünftige Strategie, sich diesen Mann mit seiner großen Popularität in die Familie zu holen, und für Marius war die patrizische Braut zweifellos eine gute Partie, denn sie dokumentierte seine Anerkennung durch das Establishment. Caesars Vater selbst heiratete eine Aurelia, die Tochter des plebeischen Consulars – d.h. des ehemaligen Consuls – Lucius Aurelius Cotta, so daß also auch hier eine politisch vielversprechende Verbindung gelang. Daß römische Familien mit politischen Ambitionen bei Heiraten primär die Karriereförderung im Auge hatten, war selbstverständlich, doch gab es dabei zwei Ziele, die sich nur selten miteinander vereinbaren ließen: Abstammung (meist verbunden mit politischem Einfluß) und Geld. Die Kosten der Ämterlaufbahn waren inzwischen potentiell ruinös für das Familienvermögen, so daß die Sanierung der Finanzen durch reiche Bräute häufig zur Notwendigkeit wurde. Solche Heiratskandidatinnen fand man im Ritterstand, in der unterhalb der recht kleinen senatorischen Elite angesiedelten Oberschicht. Nachdem Caesars Vater vornehm geheiratet hatte, verfolgte er für seinen Sohn bezeichnenderweise die alternative Strategie, indem er ihn zunächst einmal mit Cossutia verlobte, deren Vater ein vermögender Ritter war. Erst nach dem Tode des Familienoberhauptes, als die politische Entwicklung auf einmal ganz neue Möglichkeiten eröffnete, rückte man von diesem Kurs der wirtschaftlichen Konsolidierung ab und schwenkte auf die Linie der vornehmen Herkunft und des unmittelbaren politischen Vorteils ein: Die Verlobung des jungen Caesar mit Cossutia wurde gelöst, statt dessen verheiratete man ihn 84 mit Cornelia, der Tochter des Lucius Cornelius Cinna.

Mit 16 Jahren wurde Caesar also der Schwiegersohn des Mannes, der Rom seit gut zwei Jahren fast ebenso beherrschte wie dann ab 82 Sulla. Cinnas illegale Machtstellung war letztlich ein Produkt des Bürgerkriegs von 88, der wesentlich aus den Frustrationen des Marius heraus entstanden war. Marius war das Schicksal widerfahren, daß seine gegen die Numider und die Kimbern und Teutonen errungenen Siegeslorbeern in dem rauhen Klima der stadtrömischen Politik verwelkt waren, und als er 88 einen letzten Versuch unternahm, sich durch ein neues großes Kommando wieder in die erste Reihe der römischen Magnaten zurückzukämpfen, löste er damit eine verhängnisvolle Kettenreaktion aus. Der dem Marius durch einen dubiosen Volksbeschluß übertragene Krieg gegen den König Mithradates von Pontos, der die römische Provinz in Kleinasien überfallen hatte, war dem amtierenden Consul Sulla zuvor regulär zugesprochen worden, und Sulla war keineswegs gewillt, sich seine Chance auf unsterblichen Kriegsruhm entgehen zu lassen. Er marschierte daher mit seinen Truppen auf Rom, wo er Marius und einige weitere Gegner ächten ließ. Marius entkam mit knapper Not nach Nordafrica. Sullas Regelungen in Rom überlebten seinen Abmarsch in den Osten aber nur kurzzeitig; als Marius im Herbst 87 mit einer Privatarmee und einem nagenden Zorn im Herzen nach Italien zurückkehrte, war dort schon ein neuer Bürgerkrieg im Gange, in dem sich der sullahörige Consul Gaius Octavius und sein Kollege Cinna gegenüberstanden. Cinna hatte sich in einigen aktuellen Streitfragen gegen die sullanischen Direktiven profiliert, war aber in den Auseinandersetzungen mit dem Kollegen zunächst unterlegen und hatte Rom verlassen müssen. Da er jedoch ein beweglicher Mann war, adaptierte er flugs Sullas brandneue Strategie: die Eroberung der eigenen Vaterstadt mit Waffengewalt. Cinna überzeugte nun seinerseits römische Truppenverbände, mit ihm nach Rom zu ziehen, um den Staat von der Willkürherrschaft einer kleinen Clique zu befreien. Es lag nahe, daß sich Cinna und Marius zusammentaten, und nach dem Sieg übernahmen sie gemeinsam das Consulat für 86. Marius verstarb allerdings kurz nach dem Antritt dieses seines siebten Consulats.

Cinna bekleidete von 87 bis 84 jedes Jahr erneut das Consulat, an seiner Seite jeweils Kollegen, die mit ihm politisch an einem Strang zogen. Dies war eigentlich *dominatio*, also Herrschaft einer *factio*, einer kleinen Gruppe, und die Römer, die das so sahen, mußten daraus den Schluß ziehen, daß die *res publica*, der Staat, eigentlich gar nicht mehr bestand. Die *res publica* war für die Römer nur in der traditionellen Gestalt denkbar, d.h. gebunden an das Wirken der überlieferten Institutionen im üblichen Rahmen, in dem jeder Bürger frei war – gemäß seinem Stand. Wenn nun – wie zur Zeit Cinnas – die Angehörigen der Führungsschicht keine Chance mehr besaßen, das Consulat als das höchste Ziel ihrer Existenz zu erreichen, weil ein Mann mit wenigen Spießgesellen das Oberamt in den eigenen Reihen monopolisierte, war das keine *res publica* mehr. Die Nutznießer der Lage sahen das naturgemäß anders, und so hatte Caesars Familie, durch familiäre Verbindungen nun plötzlich in den inneren Kreis der herrschenden Clique integriert, offenkundig keine Bedenken, aus der vorteilhaften Konstellation ihren Nutzen zu ziehen.

Nicht lange nach der Heirat mit Cornelia trug die neue Verbindung konkrete Früchte: Caesar sollte *flamen Dialis* werden, also oberster Priester des obersten Gottes Jupiter. Der Posten eines *flamen Dialis* zählte unter den zahlreichen Priestertümern des römischen Sakralwesens zweifellos zu den ehrenvollsten. Der *flamen Dialis*, der Patrizier sein mußte, war nicht nur bei Kulthandlungen für Jupiter in prominentester Stellung tätig, was seine Wirkung auf die Bevölkerung nicht verfehlt haben dürfte, er benutzte auch wie ein Consul die *sella curulis*, den speziellen Klappstuhl der Oberbeamten, und die *toga praetexta*, das weiße Obergewand mit Purpurstreifen, und nahm an den Senatssitzungen teil. Daß man aber in dieser Position gar nicht daran denken konnte, so etwas wie eine Führungsrolle im römischen Staat anzustreben, lag an den zahlreichen Tabus, denen der *flamen Dialis* unterworfen war. So durfte er keinen Eid schwören, nicht einmal eine Nacht von Rom abwesend sein, keine Armee sehen und schon gar keine Leiche. Es ist klar, daß diese Vorschriften ein militärisches Kommando ausschlossen. Da aber militärischer Erfolg in Rom das größte Ansehen verschaffte und auf diese Weise der Weg zu Macht und Einfluß vorgezeichnet war, konnte man als *flamen Dialis* zwar eine gewisse Autorität verkörpern, mußte aber im Normalfall hinter den großen Militärs zurückstehen. Für einen Mann mit den politischen und militärischen Ambitionen Caesars konnte dieses Priesteramt also frühen Ruhm, aber wohl nicht die Befriedigung aller Wünsche bedeuten. Warum er sich darauf einließ, wissen wir nicht.

Vielleicht hatte er als Jugendlicher schlichtweg keine Wahl, da selbstverständlich die Familiendisziplin vorging; vielleicht hegte er auch die Hoffnung, gegebenenfalls die Tabus lockern zu können, wie es schon mehrfach bei Priesterämtern geschehen war. Jedenfalls war der junge Patrizier Caesar der offenbar willige Kandidat der Clique um Cinna für das Jupiterpriestertum.

Der Tod Cinnas, der 84 einer Meuterei seiner Soldaten zum Opfer fiel, scheint daran zunächst nichts geändert zu haben, doch als Sulla Ende 82 die Macht eroberte, wurde die Lage für den jungen Caesar zumindest kompliziert. Er hatte zwar nicht gegen Sulla gekämpft oder in Entscheidungspositionen gegen ihn gewirkt, aber er befand sich durch Abstammung, Heirat und Priesteramt mitten im Zentrum der Gruppierung, der Sulla blutige Rache geschworen hatte. Dennoch ließ ihn Sulla nicht einfach auf die Proskriptionsliste setzen, dafür schien der junge Mann wohl zu wenig aktiv an seiner jetzigen Stellung beteiligt, zudem auch zu unbedeutend. Sulla verlangte lediglich von ihm, daß er sich von seiner Frau Cornelia scheiden lasse. Der Herrscher der römischen Welt, der zum Dictator mit der Aufgabe, den Staat wieder zu stabilisieren, ernannt worden war, forderte von Caesar ein ostentatives Signal der Distanzierung von seinen bisherigen Verbindungen und damit des Willens zur Integration in das neue System. Dazu war Caesar nicht bereit: Er weigerte sich hartnäckig, Cinnas Tochter zu verlassen.

Über diese Haltung Caesars kann man sich gar nicht genug wundern. Was man von Menschen erwarten kann, ist natürlich weitestgehend von den jeweiligen Verhaltenskodices abhängig, die in unterschiedlichen Gesellschaften, historischen wie gegenwärtigen, große Differenzen aufweisen. Man kann folglich an Caesars Handeln keine Maßstäbe anlegen, wie man sie etwa an die deutsche Geschichte des 20. Jahrhunderts anlegt – und selbst in diese Kategorien gefaßt, ist seine Weigerung, der Anweisung Sullas Folge zu leisten, schon erstaunlich. Als es während der Nazizeit ‚Ariern‘ nahegelegt wurde, sich von ihren jüdischen Ehepartnern zu trennen, kamen dem manche nach, deren Verhalten uns günstigstenfalls nachvollziehbar, aber in jedem Falle moralisch anstößig und alles andere als imponierend erscheint. Für unser Urteil können wir uns auf Gründe allgemeiner Humanität berufen, aber auch auf die Feststellung eines konkreten Regelverstoßes, denn vor gut 50 Jahren galt wie heute die Norm, daß es sich bei der Ehe, wenn schon nicht um eine dauerhafte Liebesbeziehung, so doch um eine vertrauensvolle Solidargemeinschaft handelt, die auch in schlechten Zeiten Bestand haben sollte. Von der anderen Seite her betrachtet verdienen diejenigen, die damals zu ihren Ehepartnern standen, unsere uneingeschränkte Bewunderung, weil sie in einer Lage starken Drucks bedrohte Menschen nicht im Stich ließen. Immerhin hatten sie aber wenigstens eine soziale und moralische Norm als Maßstab, eine Norm, die sich eben nicht einfach wegdekretieren läßt. Sieht man sich jedoch die sozialen Praktiken und die Wertewelt Roms zur Zeit Caesars an, so fehlt eine solche Norm als Orientierungsmöglichkeit. Man heiratete in der römischen Oberschicht jung und oft, Scheidung war entsprechend an der Tagesordnung und rechtlich und technisch unproblematisch, und die Zwecke der Ehe waren die Produktion von legitimem Nachwuchs, die Absicherung oder besser noch Erweiterung des Familienvermögens und die Knüpfung und Stabilisierung von politischen Verbindungen. Entsprechend waren die jungen Leute auch an der Auswahl zumindest ihrer ersten Ehepartner, denen sie oft im Kindesalter versprochen und zwischen 13 und 16 angeheiratet wurden, nicht beteiligt. Daß sich zwischen den Ehepartnern eine Beziehung höflicher Achtung einstellte, wurde erwartet, daß sich eine tiefere gefühlsmäßige Bindung entwickelte, war ein Zufall, auf den aber gegebenenfalls die Familienräson, für die vielleicht plötzlich eine andere Verbindung attraktiver erschien, auch keine Rücksicht nahm. Dies war das Klima, in dem Caesar seine Frau nicht verstieß, *obwohl* sie ihn mit politischen Beziehungen versah, die auf längere Zeit höchstens hinderlich sein konnten, *obwohl* sie ihm wohl kaum finanzielle Zugewinne einbringen konnte, da das Vermögen ihrer Familie als Begleiterscheinung der Proskriptionen konfisziert worden war, und *obwohl* er zweifellos annehmen konnte, daß er auch mit anderen Ehefrauen noch Kinder bekommen könnte (auch wenn ihm das tatsächlich versagt blieb). Nach römischen Maßstäben sprach also nichts dafür, die Ehe mit Cornelia aufrechtzuerhalten – außer zwei Normen, die mit Cornelia eigentlich gar nichts zu tun hatten: Ein adelsstolzer *nobilis* ließ sich gefälligst keine Anweisungen geben, und ein Patron stand verläßlich zu seinen Freunden und Abhängigen. Hier zeigte Caesar also zum ersten Mal sein unerschütterliches Selbstbewußtsein und seine Übersollerfüllung in Bezug auf patronale Verpflichtungen.

Wie reagierte nun aber Sulla? Caesar hatte sich als offenkundig nicht integrationswillig erwiesen, folglich verlor er seinen Anspruch auf das Priestertum. Daß Sulla damit dem Mann, der die von ihm so mühsam befestigte Republik endgültig zerstören sollte, erst die Freiheit verschaffte, eine konventionelle politisch-militärische Karriere anzustreben, ist zweifellos eine besondere Ironie des Schicksals. Doch die Gefahren, denen sich Caesar mit seiner Weigerung ausgesetzt hatte, waren mit diesem Amtsverlust keineswegs ausgestanden. In der Tat heißt es in unseren Quellen, Caesar habe sich aus Rom entfernen müssen, sein Vermögen sei wenigstens in Teilen eingezogen worden, sullanische Proskriptionsschergen hätten ihn gejagt. Daß Caesar regelrecht auf die Proskriptionsliste gesetzt worden wäre, ist nicht überliefert, doch selbst wenn ihm dies erspart geblieben sein sollte, durfte er sich keineswegs sicher fühlen, denn die formelle Ächtung konnte jederzeit nachgeholt werden, gegebenenfalls auch erst nach der Vollstreckung des implizierten Todesurteils. Die skrupellose Schar der Proskriptionsgewinnler nahm es da nicht so genau, und Sulla ließ seine Gehilfen gewähren. Als Caesar daher von einer Abteilung sullanischer Vollstreckungsgehilfen aufgespürt wurde, war es für ihn bedeutungslos, ob er nun wirklich auf der Liste stand oder nicht. Er hatte Glück, daß sich die Herren mit seinen 12 000 Denaren zufrieden gaben und von ihm abließen.

Nachdem Sulla dem Flüchtling offenbar eine Art Unbedenklichkeitserklärung ausgestellt hatte, verließ Caesar Italien und begab sich in den Osten des römischen Reiches, wo er im Stab eines Statthalters Unterschlupf fand und erste Gelegenheit erhielt, militärische Erfahrungen zu sammeln. Er scheint sich dabei durch besondere Unerschrockenheit ausgezeichnet zu haben und erkämpfte sich die höchste Auszeichnung, die nicht standesgebunden war: die Bürgerkrone, die dem Soldaten verliehen wurde, der einem Kameraden im Kampf das Leben gerettet hatte. Caesar wurde auch mit einer diplomatischen Mission betraut. Er wurde zum König Nikomedes von Bithynien geschickt, um von diesem eine Unterstützungsflotte zu erbitten. Die guten Beziehungen, die sich zwischen Caesar und Nikomedes entwickelten, gaben bald zu Gerüchten Anlaß, es habe sich um ein homosexuelles Verhältnis gehandelt. Ob dies den Tatsachen entspricht, ist nicht zu klären. Vielleicht ist der Anknüpfungspunkt nur das Faktum, daß sich Caesar mit besonderer Verve für die Belange des Nikomedes und der königlichen Familie engagierte, also seine üblichen Aufgaben als Freund und Patron mit unüblicher Gewissenhaftigkeit erfüllte, so daß böse Zungen behaupten konnten, da stecke doch wohl mehr dahinter. Caesars bedingungsloser Einsatz als Patron, die einzige hervorstechende Eigenschaft, die wir einigermaßen glaubwürdig schon für seine frühen Jahre bezeugt finden, war für seine Zeitgenossen vielleicht auch nicht unbedingt nachvollziehbar. Aber letztlich ist der Realitätsgehalt der Episode belanglos – allemal für die römische Tagespolitik. Denn schlüpfrige Geschichten waren, sofern sie über andere erzählt wurden, natürlich beliebt und zudem geeignet, die Beteiligten herabzusetzen, was der Konkurrenz um den politischen Aufstieg immer willkommen war. Wenn man dann wie Caesar in diesem Fall, ganz gegen seine sonstige Art, empfindlich reagierte, steigerte dies nur die Beliebtheit der Geschichte.

In Rom war Sulla derweil von seiner Dictatur zurückgetreten und hatte sich 79 ins Privatleben zurückgezogen, wofür ihn Caesar später als politischen Analphabeten kritisiert haben soll. In der Tat blieb Sulla auch als Privatmann immer noch eine potentielle Macht, auf die man zu achten hatte, und so ist es nur konsequent, daß sich Caesar erst auf den Heimweg nach Italien machte, als ihn die Nachricht von Sullas Ableben erreicht hatte. Jetzt war der große Machthaber tot, jetzt wurden die Karten neu gemischt, wie sich sofort daran zeigte, daß der amtierende Consul Marcus Aemilius Lepidus massiv gegen die sullanische Ordnung agitierte. Dies waren die politischen Verhältnisse, in denen auch ein enger Verwandter von Marius und Cinna hoffen konnte, seinen politischen Aufstieg zu nehmen, und folglich kehrte Caesar nach Rom zurück. Die existentielle Gefährdung und die politische Marginalisierung waren vorbei, jetzt konnte das Spiel erst richtig beginnen.

II. Die Ochsentour – Caesars Weg zum Consulat

Auf jedem jungen Mann, der in die senatorische Führungsschicht hineingeboren war, lastete die selbstverständliche Verpflichtung, die politische Laufbahn einzuschlagen, mit der die höheren militärischen Kommandopositionen unauflöslich verknüpft waren. Nur auf diesem Weg konnte man sich seiner Vorfahren würdig erweisen und das Ansehen der Familie mehren; andere Sektoren wie Wirtschaft, Kunst, Wissenschaft, Sport, in denen man ja auch Herausragendes leisten kann, waren für den Sohn eines Senators entweder unstandesgemäß oder nebensächlich. Ein Mann von Caesars Herkunft mußte folglich nicht beschließen, Politiker zu werden, und er mußte auch nicht einer besonderen Programmatik anhängen, deren Verwirklichung er sein Leben hätte weihen können. Wenn er in den Augen seines Standes nicht als Versager gelten wollte, blieb ihm gar keine andere Wahl als Karriere in der Politik zu machen.

Im einzelnen waren die Startbedingungen sehr unterschiedlich, doch war der Weg nach oben für alle lang und hart, und es bedurfte des jahrelangen kontinuierlichen Einsatzes, wenn man am Ende das höchste Ziel, das Consulat, erlangen wollte. An Energie, Beharrlichkeit und Geschicklichkeit sollte es Caesar nicht fehlen. Er begann seine öffentliche Betätigung ganz konventionell: mit der Anklage eines arrivierten Senators. Solche Prozesse boten den Nachwuchspolitikern die Gelegenheit, bei öffentlichen Verhandlungen auf dem Forum ihre Sorge um das Gemeinwohl, ihren Mut und vor allem ihre rhetorischen Fähigkeiten zu demonstrieren, und sie machten sich so gleichermaßen beim Volk wie bei der politischen Klasse bekannt. Wahrscheinlich im Jahre 77 verklagte Caesar den ehemaligen Consul Gnaeus Cornelius Dolabella wegen illegaler Bereicherung während der Provinzstatthalterschaft. Nach harter Auseinandersetzung wurde Dolabella freigesprochen, d.h. der Prozeß war ein voller Erfolg – für den Ankläger! Denn Caesar hatte als Redner brilliert und sich als konsequenter Gegner korrupter Praktiken profiliert, hatte sich aber gerade nicht durch die Verurteilung eines prominenten Politikers die dauerhafte Feindschaft von dessen Unterstützerclique zugezogen. Daß auch die ungewöhnliche Zivilklage gegen Gaius Antonius, der die Griechen seinerzeit als Offizier Sullas erheblich geschädigt zu haben scheint, im Sande verlief, war in der Sache bedauerlich, für Caesars Position aber jedenfalls kein Rückschlag. Zufrieden konnte er daher seine Kavalierstour antreten, die übliche Bildungsreise junger Adliger in den Osten, auf der sie die historischen Stätten Griechenlands zu besichtigen und bei einem ausgewiesenen Rhetoriklehrer Unterricht zu nehmen pflegten.

Ehe Caesar aber den berühmten Rhetor Molon in Rhodos erreichte, wurde sein Schiff von Piraten gekapert, die für die Freilassung des vornehmen jungen Mannes ein beträchtliches Lösegeld forderten. Unter all den Episoden aus Caesars Frühzeit, die die antiken Caesarbiographen in dem genregemäßen Bemühen, klare Anzeichen für die spätere Bedeutung des Protagonisten schon in seiner Jugend zu entdecken, mühselig zusammengesucht und aufgebläht haben, ist die Piratengeschichte eine der wenigen im Kern verläßlichen; denn sie bestand wesentlich aus einer spektakulären äußeren Handlung, die zu vielen Zeitgenossen unmittelbar bekannt geworden sein muß, als daß man sie Jahre danach ungestraft hätte erfinden können. Caesar wurde also von Piraten gefangengesetzt, die damals in großer Zahl das Mittelmeer unsicher machten, und mußte etwa 40 Tage an Bord ausharren, bevor das für ihn geforderte Lösegeld von den Gemeinden der Provinz Asia zusammengebracht worden war. Nachdem man ihn an der kleinasiatischen Küste an Land gesetzt hatte, sammelte Caesar bei den umliegenden Städten in Eigeninitiative ein kleineres Geschwader, verfolgte die Piraten, setzte sie fest und strich die Beute ein; als der zuständige Statthalter zögerte, die von Caesar erwarteten Exekutionen ausführen zu lassen, ließ Caesar die Delinquenten eigenmächtig ans Kreuz schlagen. Wie diese Seeräuberpistole offenbart, war Caesar schon in jungen Jahren in der Lage, eine große Entscheidungs- und

Handlungssicherheit zu entwickeln, und er kannte auch keine Bedenken, bei der Ausführung seiner Pläne den Dienstweg zu ignorieren. Dieselbe Selbstherrlichkeit und Tollkühnheit legte er an den Tag, als er mit einer aus den Gemeinden requirierten Privattruppe in den gerade wieder ausgebrochenen Krieg gegen den pontischen Herrscher Mithradates eingriff.

Während sich Caesar im Osten des Reiches aufhielt, wurde er in Rom unter die *pontifices* aufgenommen. Das Kollegium der *pontifices* war eines der drei großen römischen Priesterkollegien, die mit prestigeträchtigen Aufgaben betraut, aber nicht mit Tabus belegt waren, so daß diese Posten bei den Angehörigen der politischen Führungsschicht sehr begehrt waren. Die Mitgliedschaft war lebenslänglich, die Gruppe ergänzte sich durch Kooptation, d.h. die amtierenden *pontifices* besetzten nach eigenem Ermessen die durch den Tod eines Kollegen freigewordene Stelle. Daß Caesar als Nachfolger seines verstorbenen Onkels Gaius Aurelius Cotta von einem Kollegium ausgewählt wurde, in dem die Creme des sullanischen Establishments vereinigt war, wirft ein bezeichnendes Licht auf die Verbindungen und den Ruf des jungen Mannes: Trotz seiner marianisch-cinnanischen Vergangenheit und seines Konflikts mit Sulla war er in den siebziger Jahren keineswegs stigmatisiert, und seine bisherigen Aktivitäten hatten ihm offenkundig eher Freunde als Feinde im engeren Zirkel der Führungsschicht eingebracht. Als Caesar dann zurückkehrte und sich 73 zum ersten Male dem Volk zur Wahl stellte, war es daher auch keine Sensation, daß es ihm als Patrizier aus leidlich prominenter Familie gelang, in eines von 24 Militärtribunaten gewählt zu werden.

In diesen Jahren engagierte sich Caesar erstmalig für eine Revision der sullanischen Ordnung, indem er sich für die Wiederherstellung der von Sulla arg beschnittenen Rechte der Volkstribunen einsetzte und die Initiative des Tribunen Plotius, die ehemaligen Anhänger des aufständischen Consuls Lepidus aus dem Exil zurückzurufen, mit einer Rede unterstützte. Im Rückblick ist man leicht geneigt, diese Aktionen als entschlossene Schritte auf der *via popularis*, der Straße der

Popularen, zu interpretieren, doch war dies für Zeitgenossen wohl nicht so eindeutig. Die populare Politik war im wesentlichen eine politische Methode, nämlich die Durchsetzung von Gesetzesprojekten über die Volksversammlung notfalls auch gegen den Senat, wobei populare Politiker durchaus ihr eigenes Prestige im Auge hatten. Um die Unterstützung des Volkes zu gewinnen, bedienten sich die Popularen in einem mittlerweile fast standardisierten Inventar volksfreundlicher Gegenstandsbereiche, die entweder auf die Ehre des Volkes (durch Einschärfung der Freiheitsrechte oder des Kompetenzbereichs, Verfolgung von unbeliebten Politikern) oder auf die materiellen Interessen (vor allem durch Land- oder Getreideverteilung) orientiert waren. Daß tatsächlich der Wille zur Reform einen wesentlichen Antrieb bildete, war möglich, aber nicht notwendig, und jedenfalls spielten die Belange des einfachen Volkes in den verschiedenen Varianten popularer Politik nur eine instrumentelle Rolle. Dennoch waren populare Aktivitäten der Führungsgruppe ein Dorn im Auge, wurde doch so der Senat als Zentrum der Politik beiseitegeschoben und die Einbindung des einzelnen Politikers in den Standeskonsens geschwächt. Die römische Republik war ja eine Oligarchie, d.h. es herrschte eine verhältnismäßig kleine Gruppe, die im Senat konzentriert war. Zu den Lebensgesetzen der Oligarchie gehörte es, die Mitglieder dieser Führungsschicht in den gemeinsamen Entscheidungsprozeß zu integrieren und von isolierten Initiativen abzuhalten. Der populare Weg war also unabhängig von den jeweiligen Inhalten systemgefährdend, entsprechend bildete sich gegen massivere populare Ansätze stets eine Oppositionsgruppierung um führende Senatoren herum, die sich die Optimaten – also eigentlich: die Besten – nannten.

Da die Popularen immer wieder erfolgreich vom Volkstribunat aus operiert hatten, hatte Sulla die mit diesem Amt verbundenen Handlungsmöglichkeiten und Karrierechancen im Rahmen seiner Neuordnung drastisch eingeengt. Dies war zwar von seinem Standpunkt aus völlig konsequent, hatte aber selbst bei den Anhängern seiner Reformen großes Mißbehagen hinterlassen, da sich Sulla damit gnadenlos über geheiligte Traditionen hinweggesetzt hatte. Es gab eben in der späten Republik neben Sulla – und Caesar – kaum Römer, die willens und in der Lage waren, bei allgemein empfundenem Versagen alter Institutionen und Regelungsmechanismen nüchtern wirkungsorientierte Reformen zu initiieren, statt auf die Wiederkehr der guten alten Zeit durch moralische Erneuerung zu hoffen. Sullas sozialtechnologischer Ansatz überforderte die Oligarchie, die er eigentlich stabilisieren wollte, und so war die Bewegung zur Wiederherstellung der Tribunenrechte nicht nur naheliegenderweise ein populares Anliegen, sondern wurde auch von der engeren Führungsschicht mit einem gewissen Verständnis begleitet. Wenn sich Caesar also entsprechend äußerte, lehnte er sich 72 damit nicht mehr sehr weit aus dem Fenster, zumal sein Onkel Cotta schon 75 für eine teilweise Wiederherstellung der Rechte gesorgt hatte; als dann schließlich im Jahre 70 auf Antrag der Consuln Pompeius und Crassus alle sullanischen Restriktionen des Volkstribunats aufgehoben wurden, lag das im allgemeinen Trend.

Brisanter war da schon die Rückberufung der Anhänger des Lepidus. Dieser hatte als Consul 78 die sullanische Ordnung attackiert, war dann immer mehr ins Abseits geraten und hatte 77 einen bewaffneten Aufstand unzufriedener Veteranen und sonstiger Landbewohner in Etrurien geführt, der allerdings schnell niedergeworfen werden konnte. Lepidus starb auf der Flucht, seine Anhänger retteten sich zunächst zu dem rebellischen Cinnaner Sertorius nach Spanien und wurden dann, soweit sie überlebten, mit Exil bestraft. Hier ging es also um prominente Römer, die gegen den sullanischen Staat – und das hieß: gegen die römische *res publica* – die Waffen erhoben hatten. Da diese Leute in den Proskriptionen und den Kämpfen danach Familienangehörige verloren und in ihrem Vermögensstand geschädigt worden waren, konnte man nicht davon ausgehen, daß sie sich nach einer Amnestie leicht in die Gesellschaft integrieren ließen. Noch massiver galt dies für die Söhne der Proskribierten, die aufgrund ihres zwangsläufigen Interesses, ihre Verwandten zu rächen und die sullanische Ordnung zu revidieren, regelrecht von der Ämterlaufbahn ausgeschlossen worden waren. Caesars Einsatz in dieser heiklen Angelegenheit hätte daher das Mißtrauen gegen ihn sicherlich geschürt, wenn er nicht einen glänzenden und für jedermann nachvollziehbaren Grund besessen hätte: Er verwandte sich konkret für seinen verbannten Schwager Lucius Cornelius Cinna, und dies war ihm von den allgemein akzeptierten Normen der Familiensolidarität geradezu auferlegt.

Wahrscheinlich im Jahre 69 wurde Caesar Quaestor. Die römischen Quaestoren waren zuständig für Kassenführung und Rechnungslegung und dazu teils der Kasse in Rom, teils den einzelnen Statthaltern in den Provinzen zugeordnet. Der Posten als solcher bot im Normalfall wenig Gelegenheit, sich hervorzutun; er war aber eine vorgeschriebene Stufe in der Ämterlaufbahn, und seit Sullas Reformen rückte ein Quaestor nach Vollendung seines Amtsjahrs automatisch in den Senat ein. Als Caesar daher 68 aus Spanien zurückkehrte, wo er seine Amtszeit im Stab des Statthalters Antistius Vetus abgeleistet hatte, war er Senator, Mitglied der einflußreichsten und ehrwürdigsten Körperschaft der römischen Republik, in der die Geschicke des Weltreichs gesteuert wurden. Im Senat besaß jedes Mitglied gleiches Stimmrecht, aber keineswegs gleichen Einfluß, und die Abstufungen waren im Senat auch deutlich markiert durch das Reglement, daß die Senatoren in fester Reihenfolge nach Rangklassen geordnet zu Wort kamen. In den Rangklassen war die Ämterhierarchie abgebildet, also äußerten sich zuerst die Consulare, dann die Praetorier, dann die Aedilicier, dann die Tribunicier, dann schließlich die Quaestorier. In der Praxis hieß das, daß man als Quaestorier mit großer Wahrscheinlichkeit nie im Senat eine Rede hielt, sondern nur einer der vorgestellten Entscheidungsempfehlungen beitrat. Wer also nicht sein Leben lang Stimmvieh bleiben wollte, mußte in der Ämterlaufbahn weiter kommen, und wer die Politik wesentlich beeinflussen wollte, mußte Consul werden. Doch dies war noch ein weiter Weg.

Zu Beginn seiner Quästur ehrte Caesar seine jüngst verstorbene Frau in einer öffentlichen Leichenrede, ebenso seine Tante Iulia, die Witwe des Marius. Solche Leichenbegängnisse waren in Rom keineswegs private Ereignisse, sondern herausgehobene Repräsentationsanlässe für die großen Geschlechter. Bei dem großen Leichenzug, der zum Forum führte, trugen Sklaven und Freigelassene die Totenmasken und den Amtsornat der erfolgreichen Ahnen, die damit gewissermaßen symbolisch präsent waren, und in der Lobrede von der Rednertribüne aus wurde nicht nur der Verstorbene in seiner Bedeutung gewürdigt, sondern jeder der Vorfahren. Man kann sich leicht vorstellen, welchen Eindruck ein solches Spektakel auf die umstehenden Bürger gemacht haben muß. Daß solcher Aufwand auch für Frauen getrieben wurde, war ungewöhnlich, wenn auch nicht ganz neu. Daß Caesar gleich für zwei Frauen ein solches Leichenbegängnis veranstaltete, das ja infolge der üblichen Bankette und Leichenspiele beträchtliche Kosten verursachte, zeigt die Entschlossenheit, mit der er jede Profilierungsmöglichkeit nutzte. Und dabei ging er weit: In der Rede für seine Tante Iulia verwies er darauf, daß diese mütterlicherseits vom prominenten Geschlecht der *Marcii Reges* abstamme, die ihrerseits auf den altrömischen König Ancus Marcius zurückgingen, und väterlicherseits von Venus, der Stammmutter der sogenannten troianischen Patriziergeschlechter, die ihre Herkunft von dem mythischen Troia-Flüchtling Aeneas ableiteten. Die Folgerung zog Caesar ganz ungeniert: Er, Caesar, gehöre einem Geschlecht an, in dem die Heiligkeit der Könige, die unter den Menschen das meiste bewirken, vereinigt sei mit der der Götter, in deren Macht sogar die Könige stünden. Das Selbstbewußtsein dieser Äußerungen und der in den grandiosen Inszenierungen faßbare Selbstdarstellungswille dürften ein gewisses Aufsehen erregt haben, zu wirklichem Mißtrauen von seiten der sullanischen Oligarchie war allerdings kein Anlaß geboten, im Gegenteil: Caesar heiratete nach seiner Rückkehr aus Spanien Pompeia, eine Enkelin Sullas, und integrierte sich damit nur noch stärker in die herrschenden Kreise.

65 wurde Caesar curulischer Aedil, und dies war sein erster bemerkenswerter Wahlerfolg, der signalisierte, daß der junge Mann beste Aussichten auf eine steile Karriere besaß. Nach der Quaestur konnte man als nächste Stufe der Ämterlaufbahn entweder das Volkstribunat anstreben oder die Aedilität, gegebenenfalls konnte man auch beide Ämter nacheinander bekleiden. Für die 20 Quaestoren, die in jedem Jahr dazukamen, standen aber nur 10 Volkstribunate und 4 Aedilitäten zur Verfügung, d.h. rein rechnerisch war für ein gutes Viertel der ehemaligen Quaestoren schon die Endstation ihrer Karriere erreicht. Wirklich dramatisch war aber die Lage nur für Patrizier wie Caesar; da das Volkstribunat und die beiden Posten der plebeischen Aedilität den Plebeiern vorbehalten waren, konnte man überhaupt nur eine der beiden curulischen Aedilitäten anvisieren, und dabei war man nicht nur der Konkurrenz der anderen Patrizier, sondern auch der Plebeier ausgesetzt, die ebenfalls zu diesem Amt Zugang hatten. Man sieht also, daß es keine Selbstverständlichkeit war, wenn ein Patrizier curulischer Aedil wurde, aber wie die überlieferten Karrieren ausweisen, war dafür die Wahrscheinlichkeit, daß ehemalige curulische Aedile später einmal Consuln wurden, sehr hoch.

Aedile waren in Rom mit Marktaufsicht und der Durchführung verschiedener Kulte betraut, zu deren Feier die Veranstaltung von Spielen gehörte. Diese Spiele, die als Teil der Götterfeste in Theateraufführungen und Circusrennen bestehen konnten, waren für die Veranstalter ausgesprochen kostspielig, da nur ein verhältnismäßig geringer Sockelbetrag aus der Staatskasse bereitgestellt wurde. Es war gute alte Tradition, daß die verantwortlichen Magistrate kräftig in die Privatschatulle griffen, um die Spiele prächtig auszustatten. Das Volk von Rom, für das die Spiele die hochwillkommene Abwechselung zum grauen Alltag darstellten, honorierte großzügige Spielgeber mit Beifall und Popularität, wer dagegen in den Ruf geriet, auf diesem Sektor knausrig zu sein, bezahlte dafür mit Unbeliebtheit, die seine weiteren Karriereaussichten sehr beeinträchtigen konnte. Dieser Gefahr setzte sich Caesar natürlich nicht aus. Wie er jetzt mit gigantischen Leichenspielen für seinen Vater erneut unter Beweis stellte, war seine Einsatzbereitschaft zur Steigerung des eigenen Prestiges nahezu grenzenlos. Entsprechend waren seine Spiele als Aedil aufsehenerregend, wobei es ihm gelang, seinen Kollegen Marcus Calpurnius Bibulus, der die gemeinsamen Veranstaltungen kräftig mitfinanzierte, beim Volke derart in den Schatten zu stellen, daß alle von der Freigebigkeit Caesars sprachen, aber niemand von der des Bibulus. Damit war die Grundlage gelegt für eine stabile Feindschaft.

Nach den römischen Vorschriften über das Ämterwesen mußte Caesar drei Jahre warten, ehe er die in der Aedilität gewonnene Popularität in eine neue Ämterbewerbung gießen konnte. In der Zwischenzeit galt es im Gespräch zu bleiben. Der gigantische, wesentlich ja auch finanzielle Aufwand, mit dem sich Caesar bisher einen Namen gemacht hatte, hätte als Fehlinvestition verbucht werden müssen, wenn er jetzt aus dem Blickfeld der Öffentlichkeit verschwunden wäre. Daß Caesar also mit einigen spektakulären Aktionen hervortrat, ist von daher nicht verwunderlich. So soll er sich für die Eingliederung Ägyptens ins römische Reich eingesetzt haben, wovon sich einige Politiker Machtzuwachs erhofften, was aber gerade deshalb nicht durchsetzbar war. Außerdem sorgte Caesar in einer Nacht-und-Nebel-Aktion für die Wiedererrichtung der Siegesdenkmäler seines Onkels Marius, die dessen Intimfeind Sulla hatte einreißen lassen. Dies war eine populäre Maßnahme, die den Sullanern zweifellos suspekt war, jedoch immer noch unter dem Grundsatz der Familiensolidarität verbucht werden konnte. Dubioser wurde der junge Mann schon, weil er sich jetzt für eine Bestrafung der Proskriptionsgewinnler stark machte, denen ihre Kopfprämien in Prozessen wieder abgesprochen werden sollten und die sich darüber hinaus mit Mordanklagen konfrontiert sahen. Damit ging es zweifellos an die Grundlagen der sullanischen Ordnung, die darauf basierte, daß die Proskriptionen mit all ihren Konsequenzen als ein zwar unrühmliches, aber abgeschlossenes Kapitel galten. Doch all dies war ja noch interpretierbar, schließlich hatte Caesar selbst böse Erfahrungen mit den sullanischen

Proskriptionsschergen gemacht. Und auch Caesars Rolle im Rabirius-Prozeß von 63, in dem es letztlich um das Recht des Senats ging, den Notstand zu verhängen und die in diesem Rahmen von der eigenen Seite begangenen Gewalttaten zu legalisieren, ist keineswegs so eindeutig, daß er sich damit schon unmißverständlich auf popularem Kurs bewegt hätte.

Im Jahre 63, als sich Caesar um seine Wahl zum Praetor bemühte, standen aber plötzlich noch ganz andere Wahlen an, bei denen schlaglichtartig deutlich wurde, daß dieser Caesar mit ganz besonderem Ehrgeiz und souveräner Respektlosigkeit ausgestattet war. Der *pontifex maximus* Quintus Caecilius Metellus Pius war gestorben; nur die amtierenden *pontifices* konnten sich um seine Nachfolge bewerben, über die in Volkswahl entschieden werden mußte. Traditionell pflegten altehrwürdige Mitglieder des Kollegiums für den Vorsitz zu kandidieren, und so lag es ganz auf der gewohnten Linie, daß sich mit Quintus Lutatius Catulus, dem Consul des Jahres 80 und dem Ersten des Senats, und Publius Servilius Isauricus, dem Consul von 79, zwei illustre Consulare der älteren Generation für das Amt interessierten. Da man in Rom geneigt war, ältere Leute der höheren Weisheit zu verdächtigen, und da man darüber hinaus ja streng hierarchisch dachte, was die erreichten Ämter anging, war es geradezu eine Frechheit, daß der erst knapp 37jährige Caesar, der noch nicht einmal Praetor gewesen war, gegen zwei gut 20 Jahre ältere Consulare antrat.

Doch Caesar betrieb mit großem Geschick und Einsatz seinen Wahlkampf. Für den Oberpontifikat galt in extremem Maße das, was auch für die im eigentlichen Sinne politischen Ämter galt: Es standen keinerlei Programme zur Wahl, kein Kandidat kündigte an, was er nach seiner Wahl anders und besser machen würde als seine Konkurrenten, statt dessen präsentierte sich dem Wahlvolk eine verhältnismäßig homogene Gruppe von Aspiranten, die alle auf die Prominenz ihrer Familie und deren Leistungen in der Vergangenheit, ihre eigene bisherige Karriere und ihre charakterliche Integrität verwiesen. Wenn man nun nicht einem Kandidaten verpflichtet war, so daß man ihn dem herrschenden Normensystem entsprechend sowieso zu wählen hatte, dann fehlten den Wählern eigentlich klare Entscheidungskriterien. Da ja keine Inhalte debattiert wurden, konnten nur noch die Wahlgeschenke und die Art der Behandlung durch die Kandidaten den Ausschlag geben. Caesar soll ungeheure Massen von Geld in seinen Wahlkampf gepumpt haben, und das hieß in Rom, daß man Spiele und Festmähler mit möglichst umfassender Beteiligung ausrichtete und auch tatsächlich Geld unter den Wählern verteilte. Diese Wahlbestechung war verboten, aber da das Streuen von Vergünstigungen, die auch handfest materiell sein konnten, zu den Grundprinzipien des Patronagesystems gehörte, waren die Praktiken nicht generell verächtlich. Sie erhielten erst dann einen Beigeschmack, wenn zwischen dem Patron und den Nutznießern seiner Großzügigkeit nicht schon vorher eine Beziehung bestand, sondern eine solche erst jetzt durch die Freigebigkeit im Rahmen des Wahlkampfs hergestellt wurde. Man kann sich leicht vorstellen, daß solche Nachweise kaum zu führen waren, und so blieb auch die ganze Gesetzgebung gegen illegale Wahlwerbung weitgehend wirkungslos. Von der Seite der Wähler her gab es wohl auch keinerlei schlechtes Gewissen, denn sie opferten ja nicht ihre Überzeugungen dem schnöden Mammon, da Überzeugungen gar nicht zur Abstimmung standen, sondern sie waren auf der Suche nach einem Entscheidungskriterium, das eine kleine Prämie genauso bilden konnte wie ein nettes Lächeln oder freundliche Worte.

Daß Caesar dann seinen Konkurrenten, die ihm gegenüber durch ihren Status als Consulare zunächst im Vorteil gewesen sein müßten, tatsächlich so gefährlich wurde, daß ihm Catulus sogar eine beträchtliche Summe anbot, wenn Caesar seine Kandidatur zurückzöge, lag aber nicht nur an dem enormen Geldeinsatz, sondern auch an der Virtuosität, mit der Caesar die Kunst des Wahlkampfes beherrschte. In Rom wurden bei den Wahlen tendenziell immer wieder Angehörige einer verhältnismäßig kleinen Führungsschicht gewählt, die den Wählern nicht einmal Versprechungen machten; die Volkswahlen hatten mehr den Charakter einer gehorsamen Zustimmung zur Oligarchie. Diese Zustimmung setzte aber voraus, daß sich die Mitglieder der politischen Klasse gegenüber dem Volke in besonderer Weise umgänglich und respektvoll zeigten, insbesondere dann, wenn sie sich zur Wahl stellten. Man mußte also ständig mit eindrucksvollem Gefolge auf dem Forum herumlaufen, allen Passanten die Hand drücken, sie möglichst mit Namen anreden, um eine persönliche Beziehung und ein persönliches Interesse zu fingieren. Wer es verstand, den Eindruck zu erwecken, daß er den jovialen Umgang mit dem Volk wirklich ehrlich und aufrichtig meinte, war besonders populär und besaß glänzende Wahlchancen. Und auf diesem Felde war Caesar niemand gewachsen!

Als Caesar am Morgen der Wahl sein Haus verließ, soll er zu seiner Mutter gesagt haben: Ich werde entweder als *pontifex maximus* oder gar nicht zurückkehren. Der Ausspruch ist wahrscheinlich nachträglich erfunden, verdeutlicht aber sehr treffend, daß Caesar alles auf eine Karte gesetzt hatte. Wenn er nicht gewann, mußte er in die bald darauf anstehenden Praetorenwahlen mit der Aura des Verlierers gehen, was die Erfolgschancen in diesem System enorm beeinträchtigte. Darüber hinaus hatte er sich derart verschuldet, daß er sich einfach keine Niederlage leisten konnte, denn die Gläubiger hätten ihn dann wohl in dem Bemühen, von dem Versager wenigstens schnell noch ihren Teil zurückzubekommen, in den Ruin getrieben. Die sich dann ergebenden Alternativen waren äußerst ungemütlich: Wenn Caesar den Selbstmord vermeiden wollte, blieb ihm angesichts der entehrenden Schandstrafen für Bankrotteure eigentlich nur das Exil.

Doch Caesar kehrte nach Hause zurück, getragen von einem überwältigenden Erfolg. Er war nun für den Rest seines Lebens *pontifex maximus*, ein Ehrenamt und Titel, der von Caesar ausgehend Geschichte machte. Denn alle nachfolgenden römischen Kaiser hatten diese Position inne – wie sie ja überhaupt in so vielem den Vater aller Kaiser des Abendlandes imitierten –, und als das Kaisertum christlich wurde, legte der Kaiser den Titel ab, der dann aber seit dem 15. Jh. dem Papst beigelegt wurde, der ihn bis heute führt.

Nach dem großen Sieg war es fast selbstverständlich, daß sich Caesar auch bei den Praetorenwahlen durchsetzte. Noch bevor er seine Praetur am 1. Januar 62 antrat, machte Rom eine Krise durch, die Caesar einen großen Auftritt im Senat bescherte: die Catilinarische Verschwörung. Der große Redner und Literat Marcus Tullius Cicero, dessen zu einem beachtlichen Teil erhaltenen Schriften es zu verdanken ist, daß wir über die nachsullanische Republik so viel wissen wie über keine andere Periode der Antike, war 63 Consul, eine ganz ungewöhnliche Ehre für einen „Newcomer". Sein Konkurrent Lucius Sergius Catilina fiel im selben Jahr zum zweiten Male bei den Consulwahlen durch und befand sich nun in der Lage, die vor kurzem auch Caesar gedroht hatte: Er war in seinen Karriereambitionen schmählich gescheitert und zugleich hoffnungslos verschuldet, so daß er sich nur noch von einem radikalen Umsturz die Sanierung seiner Finanzen und die Wiederherstellung seiner gekränkten Ehre erhoffen konnte. Ob Catilina und seine Schar von Gleichgesinnten wirklich entschlossen auf die revolutionäre Aktion hinarbeiteten oder ob sie erst durch die Gegenmaßnahmen des ehrgeizigen Consuls Cicero, der zu gern den Staat retten wollte, zum Handeln getrieben wurden, ist nicht klar zu ermitteln. Jedenfalls war Catilina durch die Anklagereden Ciceros im Senat veranlaßt worden, die Stadt zu verlassen und die Führung eines Aufstands in Etrurien zu übernehmen; und nachdem Cicero eine Notstandserklärung des Senats erwirkt hatte, wurden die noch in der Stadt befindlichen prominenteren Anhänger Catilinas festgenommen. Als am 5. Dezember 63 im Senat über ihr Schicksal debattiert wurde, plädierte man zunächst, den Suggestionen Ciceros folgend, für die Hinrichtung der Staatsfeinde. Erst der designierte Praetor Caesar sprach sich statt dessen für lebenslängliche Inhaftierung aus; er bestritt nicht die Schuld der Delinquenten und das Notstandsrecht des Senats, er verwies aber auch auf das prinzipielle Recht jedes römischen Bürgers, Strafen an Leib und Leben nur auf Volksbeschluß hin zu erleiden. Caesars Rede war so wohlgelungen, daß die Stimmung kippte; erst als der designierte Volkstribun

Marcus Porcius Cato sich wieder energisch und schon seiner Standfestigkeit und Prinzipientreue wegen eindrucksvoll für die sofortige Vollstreckung der Todesstrafe in die Bresche warf, schwenkte der Senat erneut um, und Caesar war auf den Schutz des Consuls angewiesen, um unbehelligt von dessen fanatisierter Bedeckungsmannschaft den Senat verlassen zu können. Die Catilinarier wurden im Gefängnis erwürgt. Der Consul Cicero meldete dem versammelten Volk den Vollzug mit den lakonischen Worten: Sie haben gelebt.

Mit seinem Auftritt in der Catilinarierdebatte hatte Caesar zwar nichts erreicht, er hatte aber den ganzen Senat mit 14 Consularen ins Wanken gebracht und eindringlich sein Potential als Redner und als eigenständiger Politiker demonstriert. Doch diesmal konnte dieses Verhalten vom politischen Establishment nicht als harmlose Profilierungsaktion eines Nachwuchspolitikers verbucht werden: Indem Caesar gegen die dominierende Stimmung im Senat und ohne zwingende persönliche Verpflichtung aus dem sich abzeichnenden Konsens ausgeschert war, hatte er gegen die im Notstand gebotene Solidarisierungspflicht mit der Führungsclique des Senats verstoßen und sich damit als unsicherer Kantonist und Popularer erwiesen. Diese Konsequenz mußte Caesar eigentlich auch klar sein; daß er dennoch in dieser Weise Stellung bezog, hängt wohl wesentlich damit zusammen, daß er sich durch die Wahlen zum Oberpontifikat ohnehin zwei der einflußreichsten Consulare, Catulus und Servilius Isauricus, zu Feinden gemacht hatte, so daß er nicht mehr mit dem Wohlwollen der Optimaten rechnen konnte.

Im Zusammenhang mit der klareren Positionierung im Dunstkreis popularer Politik intensivierte Caesar sein Werben um die Kooperation des Pompeius, dessen gespanntes Verhältnis zu der herrschenden Senatsgruppierung offenkundig war. In Rom wurde Anfang des Jahres 62 heftig agitiert, man möge doch Pompeius, der gerade seine Neuordnung des römischen Ostens abschloß, mit seinem Heere zurückrufen, um dem Catilinarierspuk in Etrurien ein Ende zu bereiten. Caesar unterstützte diese Initiative, wohl aus dem Kalkül heraus, sich dadurch die Dankbarkeit des mächtigsten Mannes der Zeit, eben des Pompeius, sichern zu können. Dagegen gab es aber von seiten wichtiger Senatoren massiven Widerstand, da sie nicht erneut dazu beitragen wollten, daß Pompeius an Macht gewann. Die Auseinandersetzung eskalierte derartig, daß der Praetor Caesar sogar von der weiteren Amtsführung suspendiert wurde. Das Volk reagierte auf diese Zwangsmaßnahme des Senats mit Unterstützungsdemonstrationen für Caesar, und so blieb jenem nach kurzer Zeit nichts weiter übrig, als Caesar wieder in seine vollen Rechte einzusetzen. Der Aufstand in Etrurien wurde dann aber tatsächlich mit einem vom Senat zusammengezogenen Heer erfolgreich beendet, Catilina fiel in der Schlacht, der Spuk war vorbei. Aus der Catilinarischen Verschwörung ging insgesamt ein Senat hervor, der sich endlich wieder einmal das lange vermißte Gefühl verschafft hatte, eine innere und äußere Krise aus eigener Kraft bewältigt zu haben. Der Rückkehr des Pompeius sah man daher mit gestärktem Selbstbewußtsein entgegen.

Das Eintreffen des Pompeius vor Rom und den formidablen Triumph, den der erfolgreiche Feldherr feierte, erlebte Caesar nicht mehr mit, da er inzwischen in seine erloste Provinz nach Spanien abgereist war. Seit den sullanischen Neuregelungen stand jedem Praetor eine solche Provinzstatthalterschaft zu, die er im Anschluß an sein in Rom mit Aufgaben der Rechtspflege zugebrachtes Amtsjahr anzutreten pflegte. Für Caesar hatte die Statthalterschaft allerdings kurzzeitig an einem seidenen Faden gehangen, denn seine Gläubiger wollten ihn nicht reisen lassen, bevor er nicht seine Schulden beglichen hatte. Diese Episode sagt zum einen viel aus über die Struktur der römischen Politik in dieser Zeit, zum anderen aber auch über Caesars persönliche Art, das Spiel zu spielen. Wenn man in der späten Republik Karriere machen wollte, mußte man nicht nur enorm viel Zeit und Engagement investieren, sondern auch massenhaft Geld. Man mußte teure Spiele geben, vor den Wahlen Geld verteilen, standesgemäß leben; und auf der anderen Seite waren alle Ämter unentgeltlich zu führen, und auch die Prozeßtätigkeit, die für den Aufstieg wichtig war, wurde ohne Honorar ausgeübt. Nur als Begleiter im Stab eines Statthalters hatte man zwischenzeitlich die Chance, die eigenen Finanzen etwas aufzubessern, dies allerdings um den Preis der Abwesenheit von Rom, wo andere derweil politische Pluspunkte einheimsen konnten. Ein römischer Politiker hatte also bis zur Praetur fast nur Ausgaben und kaum Einnahmen, und die Ausgaben hatten infolge der zunehmenden Konkurrenz die Tendenz, geradezu inflationär anzuwachsen. Die jungen Männer waren zwar von Hause aus alle vermögend, doch kaum ein Familienvermögen reichte hin, um solche Kosten abdecken zu können. Die Konsequenz lag auf der Hand: So gut wie alle mußten sich große Teile des benötigten Geldes leihen, teils zinslos bei Verwandten, Freunden und sonstigen Unterstützern, teils gegen Zinsen auf dem Kapitalmarkt. Wenn Geldverleiher in eine politische Laufbahn investierten, glich dies einer Langzeitspekulation, denn bis zur Praetur kostete die Karriere nur Geld, und erst dann, als Provinzstatthalter, konnte ein römischer Politiker darangehen, durch Auspressung der Provinzbewohner Geld zu verdienen.

Man sieht also, daß die Ausbeutung der Provinzen strukturell auch eine Folge der römischen Innenpolitik war, daß zudem ein Scheitern in der Karriere vor der Praetur nicht nur gekränkten Stolz, sondern auch ein zerrüttetes Familienvermögen hinterlassen konnte. Man sieht aber auch, daß es nicht sehr logisch ist, wenn Gläubiger einen Mann, der es zum Praetor gebracht hat und nun in der Provinz Geld machen will, an der Abreise zu hindern suchen. Dieses Verhalten ist nur erklärbar, wenn Caesars Schulden in diesem Klima allgemeiner Verschuldung eine ganz ungewöhnliche Höhe erreicht hatten, so daß die Gläubiger die Nerven verloren. In der Tat sind die über 6 Millionen Denare, mit denen Caesar nach dem Zeugnis des kaiserzeitlichen Geschichtsschreibers Appian in der Kreide stand, eine beängstigende Summe, wie ein Vergleich illustriert: Die jährlichen Einkünfte, die der römische Staat aus seinem gesamten Weltreich zog, beliefen sich etwa auf das Zehnfache. Offenbar glaubten Caesars Kreditgeber nun nicht mehr daran, daß es ihm gelingen könnte, die überdimensionale Schuldenlast in seiner Statthalterschaft wieder hereinzuverdienen. In dieser Lage wurde Caesar durch eine Bürgschaft des großen Finanzmagnaten Marcus Licinius Crassus gerettet, der solvent genug war, um die Gläubiger zu beruhigen.

Caesars Art, seinen Aufstieg zu betreiben, ist in dieser kleinen Episode klarer zu fassen. Es war kein gänzlich neuer Weg, den er einschlug, er hielt sich auch, wie wir gesehen haben, lange Zeit auf einem Kurs, der den führenden Kreisen zwar nicht immer schmeckte, der aber keine unüberbrückbaren Gegensätze aufriß. Was jedoch bei Caesar neu, jedenfalls aber außergewöhnlich gewesen zu sein scheint, war die Höhe seines Einsatzes. Schulden machte jeder für die Karriere, aber Caesar machte so hemmungslos Schulden, daß er am Rande des Abgrunds balancierte und jeder Rückschlag zur Katastrophe hätte werden können. Caesar erlitt keine solchen Rückschläge, und davon war er offenkundig ausgegangen. Er scheint so unerschütterlich an seine überlegenen Talente und an sein Glück geglaubt zu haben, daß dieser Einsatz für ihn nur konsequent war. Er spielte alles oder nichts, aber er scheint nie daran gezweifelt zu haben, daß er gewinnen würde.

In Spanien rechtfertigte er das Vertrauen des Crassus und verstand es, seine Finanzen zu sanieren. Er betrieb das ökonomisch lukrativste Geschäft römischer Statthalter und führte in Lusitanien erfolgreich Krieg, was immer Anlässe bietet zu Plünderungen, Konfiskationen und Strafzahlungen. Immerhin scheint es Caesar auch hier verstanden zu haben, die Provinzbevölkerung nicht durchgängig zu verprellen, so daß sie ihm eine gewisse Anhänglichkeit bewahrte. Als er Mitte des Jahres 60 wieder vor Rom auftauchte, hatte er nicht nur seine Finanzkrise überwunden, sondern auch seine ersten Kriegstaten als regulärer Kommandeur vollbracht, die immerhin so ruhmreich waren, daß er mit einem Triumph rechnete – der großartigsten römischen Form, militärischen Erfolg öffentlich zu feiern. Dazu kam es dann nicht, denn Caesar traf in Rom auf eine einzigartige politische Konstellation, in der er sich mit sicherem Instinkt für die Macht statt für die Ehre entschied.

III. Der Anfang vom Ende –
Caesars Consulat 59 v. Chr.

Nach der Praetur und der erfolgreichen Statthalterschaft in Spanien wollte Caesar natürlich Consul werden. Daß das Consulat in Rom so heiß begehrt war, hatte verschiedene Gründe, die nur zum Teil mit den Kompetenzen des Amtes zusammenhingen. Sicherlich war es interessant, als Consul den Senat und Volksversammlungen einberufen und leiten zu können, doch das durften Praetoren auch. Die allgemeinen Leitungsfunktionen der Consuln, die auch den Praetoren übergeordnet waren, boten darüber hinaus vielfältige Anlässe zu ehrenvoller Repräsentation. Zudem waren die Consuln die wesentlichen Feldherrn des römischen Staates, d.h. es bestand häufig Gelegenheit, sich militärische Lorbeern zu erwerben, und zumeist erhielten sie auch lukrative Provinzen. Ebenfalls verlockend könnte die Tatsache gewesen sein, daß man als Consul unsterblich wurde; in Rom wurden ja die Jahre nicht als Ära von einem festen Ausgangspunkt an fortlaufend gezählt, wie wir es mit unserer Zeitrechnung „nach Christi Geburt" tun, sondern sie wurden nach den amtierenden Consuln benannt, so daß man als Consul in die Jahreslisten und damit in die Ewigkeit einging. In der Tat kennen wir auch heute noch die Namen aller Consuln der römischen Republik.

Aber diese unbestreitbaren Vorzüge erklären noch nicht die enorme Attraktivität des Amtes. Seit den sullanischen Reformen gab es jedes Jahr 8 Praetoren, aber weiterhin nur 2 Consuln, mindestens drei Viertel der formal Qualifizierten wurden also nie Consuln, und dennoch warfen sich Jahr für Jahr die Kandidaten in den Wahlkampf und riskierten dabei ihr Vermögen und einiges an gesellschaftlicher Reputation, wenn sie am Ende mit leeren Händen dastanden. Dies läßt sich nur verstehen, wenn man sich die wichtigste Konsequenz des Amtes vor Augen führt: Die Bekleidung des Consulats war der einzige Weg, um Consular zu werden.

In der römischen Republik waren die aktiven Politiker nur verhältnismäßig selten und kurzzeitig als Magistrate mit den dazugehörigen Exekutivgewalten ausgestattet. Wenn alles optimal verlief, konnte man mit Mitte 40 auf 4 Jahre in senatorischen Ämtern (Quaestur, Aedilität oder Volkstribunat, Praetur und Consulat) zurückblicken und auf vielleicht 3 Jahre Statthalterschaft, also auf insgesamt 7 Jahre Amtszeit in einem Zeitraum von 15 Jahren. Danach kam vielleicht noch eine Censur von anderthalb Jahren, in ganz wenigen Ausnahmefällen ein zweites Consulat oder ein Sonderkommando, normalerweise aber gar nichts mehr. Daß man nur vielleicht 10 Jahre mit Ämtern betraut war, aber ohne weiteres 30 bis 35 Jahre dem Senat angehören konnte, macht schon deutlich, daß diejenigen, die die Geschicke Roms kontinuierlich mitlenken wollten, dies über ihre Stellung im Senat tun mußten – und dessen Rangklassen waren ja analog zur Ämterhierarchie geordnet. Ein römischer Magnat war zumeist nur ein Jahr Consul, aber sein Leben lang Consular, und in dieser Eigenschaft gehörte er zu den 15 bis 30 Männern, die die Meinung machten und die Entscheidungen empfahlen, die Kompromisse suchten und die Mehrheiten zusammenschweißten, mit einem Wort: in der römischen Politik die Fäden zogen. Wer nicht Consular war, hatte im römischen Senat nur in Ausnahmefällen eine gewichtige Position. Das Consulat war die Eintrittskarte zum inneren Zirkel der Macht.

Caesar besaß gute Wahlchancen. Er hatte sich in seiner bisherigen Karriere durch Freigebigkeit und Jovialität bei der Bevölkerung Roms Popularität erworben und zweifellos auch bei der weiteren Oberschicht beliebt gemacht, außerdem war er ja ein Virtuose der Bewerbung, der in den heißen Phasen des Wahlkampfs wohl wie kein anderer die vielen Unentschiedenen bestricken und für sich einnehmen würde. Er hatte sich auch für Interessen des großen Pompeius eingesetzt, was ihm nicht unbedingt dessen massive Unterstützung eintragen mußte, aber jedenfalls wohlwollende Duldung bescheren sollte, und er stand offenbar gut mit dem über zahllose Verbindungen verfügenden Crassus, der immerhin für ihn gebürgt hatte. Die Seite seiner Aktiva hatte er nun durch militärische Erfolge in Spanien weiter aufgebessert, denn Kriegsruhm war in Rom nach wie vor die größte Prestigesteigerung insbesondere dann, wenn ein Triumphzug die Krönung bildete. Es war ein alter Brauch, daß dem siegreichen Kommandeur vom Senat, falls der Sieg hinreichend bedeutend war, ein Triumph zugesprochen werden konnte, und das hieß konkret, daß der Kommandeur in der Tracht Jupiters, also in einer purpurroten Toga und mit einem goldenen Kranz, den ein Sklave über sein Haupt hielt, in einer Kutsche vom Stadttor zum Jupitertempel auf dem Capitol fuhr, wo er dem höchsten Gott der Römer ein Dankopfer darbrachte. Begleitet wurde die Kutsche von den Soldaten, die die Kriegsgefangenen vor sich hertrieben, und von exotischer Kriegsbeute; außerdem stellte man die zentralen Situationen des Feldzugs und der Schlacht(en) auf großflächigen Gemälden dar, die das an den Straßen stehende Volk mit einer Mischung aus Stolz, Freude und Entsetzen betrachtete, bevor es sich bei den vom Triumphator üblicherweise veranstalteten Banketten gütlich tat. Ein Triumphzug war insgesamt ein Spektakel, das tiefen Eindruck machte und die Popularität des Triumphators noch einmal wesentlich anhob.

Caesar machte sich Hoffnungen auf einen Triumph. Doch war es unsicher, ob sein Wunsch in Erfüllung gehen würde, denn Caesar hatte inzwischen einflußreiche Feinde: Schließlich hatte er mit seiner Argumentation in der Catilinarierdebatte zwar nicht den Schulterschluß des Senats verhindert, aber doch vielen die Freude getrübt an dem Gemeinschaftserlebnis des entschlossenen und erfolgreichen Durchgreifens. Überdies wollte sich Caesar auch für das Consulat bewerben und stieß dabei auf formale Hindernisse. Als zurückkehrender Statthalter, der einen Triumph anstrebte, durfte er nach altem Recht das *pomerium*, die geheiligte Stadtgrenze, nicht überschreiten, da er dadurch automatisch seine Befehlsgewalt eingebüßt hätte, ohne die er aber keinen Triumph feiern konnte; seine Kandidatur für das Consulat mußte er jedoch zu einem festen Zeitpunkt vor den Wahlen persönlich beim Wahlleiter innerhalb der Stadtgrenze anmelden. Aus diesem Dilemma hätte ihn eine Ausnahmegenehmigung des Senats befreien können, was eigentlich eine Routineangelegenheit war. Als Freunde Caesars einen entsprechenden Antrag stellen wollten, wurde dies durch den Tribunicier Cato verhindert, Caesars Gegenspieler in der Catilinarierdebatte, der seither eine außergewöhnliche Stellung im Senat innehatte. Cato hielt im Rahmen eines früheren Tagesordnungspunktes eine Dauerrede, und da jeder Senator das Recht besaß, solange zu reden, wie er wollte, und da sich gleichzeitig der Senat bei Einsetzen der Abenddämmerung auflösen mußte, konnte Caesars Anliegen nicht mehr behandelt werden. Caesar mußte sich nun entscheiden, da der Bewerbungstermin drängte. Am Abend überschritt Caesar das *pomerium*, am nächsten Tag meldete er ordnungsgemäß seine Kandidatur für das Consulat an.

In dieser Zwangslage, zwischen dem möglichen Triumph und der sofortigen Consulatsbewerbung wählen zu müssen, entschied sich Caesar für die Kandidatur. Das ist keineswegs selbstverständlich. Zwar war der Triumph wohl noch nicht bewilligt, und es stand nicht fest, daß er bewilligt werden würde, aber einen Versuch war es an und für sich wert, und wenn Caesar die Stadtgrenze überschritt, war es definitiv aus und vorbei mit dem Triumph. Dagegen hätte er die Consulatsbewerbung auch aufschieben können, er hätte im nächsten Jahr antreten können, dann vielleicht als glorreicher Triumphator. Daß er dies nicht tat, hat nicht nur mit dem Ehrgeiz zu tun, das Consulat zum frühesten erlaubten Zeitpunkt zu bekleiden, sondern wesentlich mit der ganz spezifischen politischen Situation im Sommer 60, in der Caesar für sich Chancen witterte, die so schnell nicht wiederkommen würden.

Denn 62 war Gnaeus Pompeius, der schon in seiner Jugend durch den Beinamen *Magnus* („der Große") ausgezeichnet worden war, aus dem Osten zurückgekehrt. Pompeius, die personifizierte Extrawurst der späten römischen Republik, der von allen üblichen Vorschriften für die politische und militärische Laufbahn dispensiert worden war, hatte als Gehilfe Sullas Krieg in Sizilien und Africa geführt und sogar einen

Triumph gefeiert. Danach hatte er jahrelang in Spanien gekämpft, ehe er 70 als erstes reguläres Amt gleich das Consulat
übernommen hatte. Seither hatte er seinen Ruf als großer
Feldherr noch ausgebaut. 67 war ihm ein umfassendes
Kommando gegen die Seeräuber übertragen worden, denen er
tatsächlich mit einer organisatorischen Meisterleistung das
Handwerk legte, und 66 war er mit der Führung des Krieges
gegen den pontischen König Mithradates betraut worden, den
er zu einem endgültigen erfolgreichen Abschluß brachte. Die
nach den langen Kriegsjahren zerrütteten Verhältnisse im
Osten bedurften der Neuordnung, und die hatte Pompeius
umfassend vorgenommen, wozu er zahllose Einzelverfügun-
gen erlassen mußte. Daß er dabei nicht – wie es eigentlich üblich war – den Senat konsultierte und auf das Eintreffen einer
Senatsgesandtschaft wartete, mochte ihm in seinem frischen
Ruhm belanglos erscheinen, erwies sich aber bald als Stolper-
stein. Als Pompeius nämlich 62 aus dem Osten zurückkehrte,
wurde der durch seinen Erfolg bei der Niederschlagung der
Catilinarischen Verschwörung mit neuem Selbstbewußtsein
ausgestattete Senat von einer Gruppe dominiert, die dem großen Pompeius aus unterschiedlichen Motiven heraus einen
Denkzettel verpassen wollte. Man weigerte sich daher, die
Regelungen des Pompeius im Osten insgesamt zu ratifizieren,
statt dessen wollte man über jede Einzelmaßnahme beraten
und abstimmen. Daß dies weitgehend eine Schikane war, mit
der man dem selbstherrlichen Feldherrn seine Grenzen aufzei-
gen wollte, liegt auf der Hand. Daß es aber Pompeius trotz
seines Prestiges, seines Anhangs, seiner Consuln, die er für 61
und 60 ins Amt zu bringen wußte, nicht gelang, die globale
Bestätigung seiner Neuordnung im Osten durchzusetzen und
ein Landverteilungsprogramm für seine Veteranen verabschieden zu lassen, zeigt sehr deutlich ein Dilemma der späten
römischen Republik auf: Die gigantische Macht, die ein Mann
wie Pompeius im römischen Reich angesammelt hatte, ließ
sich nur in Maßen in die römische Innenpolitik transferieren.

Dieser andauernde Konflikt zwischen Pompeius und dem
Senat bot einem geschickten und entschlossenen Consul au-

ßergewöhnliche Wirkungsspielräume. In dieser Stellung konnte sich Caesar bemühen, die Ziele des Pompeius zu realisieren und sich dadurch den mächtigen Mann zur Dankbarkeit zu verpflichten, als unmittelbare Gegenleistung schwebte Caesar sicher schon die Hilfe des Pompeius bei der Übertragung eines großen Kommandos vor, das Caesar Gelegenheit geben würde, sich Geld, Ruhm und Macht zu erwerben. Und Unterstützung konnte er gebrauchen, denn er hatte inzwischen, wie ihm die Hintertreibung seines Dispenses von der persönlichen Bewerbung verdeutlicht haben dürfte, eingefleischte Gegner unter den Senatoren, die vielleicht nicht seine Wahl, wohl aber eine harmonische Amtsführung verhindern konnten und ambitioniertere Projekte gefährden oder gar zu Fall bringen würden.

Es ist nun nicht ganz klar, ob sich Caesar mit Pompeius vor den im Sommer stattfindenden Wahlen verständigte oder erst danach. Im Wahlkampf kooperierte Caesar jedenfalls schon mit dem Mitbewerber Lucius Lucceius, der ein Anhänger des Pompeius war. In dieser Konstellation hielten es die Optimaten für angezeigt, sich ihrerseits geschlossen für einen verläßlichen Gegenkandidaten zu engagieren, nämlich für Caesars alten Rivalen Bibulus. Wie es heißt, befürwortete sogar der sittenstrenge Cato die eigentlich verpönte Ausschüttung hoher Beträge an die Wähler, um wenigstens das gemeinsame Consulat des unsicheren Kantonisten Caesar und des Pompeius-Freundes Lucceius zu verhindern. Dies gelang auch, allerdings in der ungünstigeren Variante: Gewählt wurden Caesar und Bibulus.

Bevor Caesar am 1. Januar 59 sein Amt antrat, brachte er eine Koalition der Männer zusammen, die von derselben Senatsgruppierung in der Verfolgung ihrer Interessen blockiert und behindert worden waren, das sogenannte Erste Triumvirat. Der Ausdruck ist verbreitet, aber gleichwohl falsch, denn es handelte sich nicht um ein offiziell mit Kompetenzen ausgestattetes Dreimännerkollegium, sondern um eine informelle Absprache dreier Politiker, die sich zusicherten, daß im öffentlichen Bereich nichts geschehen solle, was einem von ihnen nicht genehm sei. Neben Pompeius und Caesar war Marcus Licinius Crassus der Dritte im Bunde, der sich gerade vergeblich um Vergünstigungen für die Pächter der kleinasiatischen Steuern bemüht hatte. Der römische Staat pflegte nämlich einen beachtlichen Teil seiner Steueransprüche in den Provinzen meistbietend an Konsortien zu versteigern, die sich natürlich anstrengten, aus den betreffenden Provinzen mehr herauszuholen, als sie dem Staat bezahlt hatten. Zumeist machten sie dabei gute Gewinne, doch diesmal hatten sich die Steuerpächter in Kleinasien verspekuliert und versuchten mit Hilfe des Crassus, ihre Verluste über eine Reduzierung der Pachtsumme auf die Allgemeinheit umzulegen. Crassus wurde bei seinem Vorstoß im Senat allerdings genauso brüskiert wie in anderer Sache Pompeius, zu dem er eigentlich ein gespanntes Verhältnis besaß. Als aber Caesar auf den Zusammenschluß mit Pompeius hinwirkte und Crassus, dem er schon wegen der Bürgschaft in der Gläubigeraffäre verpflichtet war, darin einbezog, dürfte dieser seine Ressentiments ohne großes Zögern hintenangestellt haben, schon um bei der kommenden Preisverteilung nicht abseits zu stehen.

Caesar ging nach Antritt seines Consulats 59 v. Chr. sofort daran, die Hauptanliegen seiner Verbündeten zu realisieren. Der erste und zugleich auch schwerste Brocken war ein großes Siedlungsgesetz, das die Parzellierung und Verteilung des öffentlichen Landes in Italien mit Ausnahme der fruchtbaren kampanischen Region vorsah und darüber hinaus die Ausgabe hinzugekaufter Ackerflächen, die aus Mitteln des Staates zum Preis der letzten Schätzung erworben werden sollten. Damit sollten einerseits die Veteranen des Pompeius zufriedengestellt werden, andererseits richtete sich das Gesetz auch an verarmte Stadtbewohner, die so eine neue Existenz erhalten konnten. Wie es sich für einen Consul gehörte, legte Caesar sein Gesetz im Senat zur Beratung vor und bat um Verbesserungsvorschläge. Es gab an der sachlichen Angemessenheit des Gesetzes nichts zu deuteln, dennoch verhielten sich die Senatoren ausweichend und formulierten keine Beschlußvorlage, bis einmal mehr Cato die Wünsche des Senats auf den Punkt brachte: Man solle beim bestehenden Zustand bleiben und nicht darüber hinaus gehen. Dann begann Cato wieder mit einer seiner Dauerreden, um die Verhandlungen hinauszuzögern, doch Caesar machte von seiner Exekutivgewalt als Consul Gebrauch und ließ Cato durch einen Amtsdiener ins Gefängnis abführen. Eine Reihe von Senatoren folgte daraufhin Cato, und als Caesar einen Praetorier zur Rede stellte, warum er den Senat vor Sitzungsende verlasse, antwortete dieser: „Ich bin lieber mit Cato im Gefängnis als mit Dir im Senat." Caesar blieb nichts anderes übrig, als Cato wieder freizugeben. Dem Senat aber verkündete er, daß er, da der Senat die Mitarbeit verweigere, nunmehr gezwungen sei, den Gesetzesantrag ohne vorherigen Senatsbeschluß vor das Volk zu bringen.

In dieser ersten großen Auseinandersetzung des Jahres 59 wurde deutlich, daß die herrschende Senatsgruppierung beabsichtigte, das Consulat Caesars und die vorhersehbaren Initiativen zur Realisierung der Wünsche von Pompeius und Crassus auszusitzen. Man wollte offenbar die einzelnen Anträge verzögern und im Sande verlaufen lassen; statt zu diskutieren und nach Kompromissen zu suchen, zog man sich auf einen fundamentalistischen Konservativismus zurück, indem man jede Änderung unabhängig von den Inhalten ablehnte. Diese Haltung bekräftigte der Consul Bibulus noch einmal vor dem Volk. Als ihn Caesar dort aufgefordert hatte, seine Kritik am Gesetzesentwurf vorzutragen, hatte Bibulus nur die sture Antwort parat, daß er in seinem Consulat keine Veränderungen dulden werde, und als ihn Caesar gemeinsam mit den versammelten Bürgern inständig um Zustimmung bat, ließ sich der bedrängte Kollege zu der Äußerung hinreißen: „Ihr werdet dieses Gesetz nicht erhalten in diesem Jahr, auch wenn Ihr es alle wollt!"

Was dann folgte, war eines der bislang turbulentesten Jahre römischer Innenpolitik und zugleich der Anfang vom Ende der Republik. Die Verfassung der römischen Republik war charakterisiert durch die formale Dominanz der Obstruktionsmittel, d. h. die Möglichkeiten, staatliches Handeln zu verhindern, waren besonders stark ausgeprägt. Über die tribunicische *intercessio*, das allgemeine Einspruchsrecht der zehn Volkstribune, konnte jeder Gesetzesantrag und jeder Senatsbeschluß gestoppt werden, und über die Beobachtung des Himmels und die Meldung schlechter Vorzeichen, die *obnuntiatio*, konnte jede offizielle Aktion immer wieder verschoben werden. Der römische Staat konnte mit solch übermächtigen Destruktionspotentialen natürlich nur leben, wenn im großen Ganzen ihre Existenz ausreichte, um Verhalten hervorzubringen, das ihre konsequente Anwendung überflüssig machte. Da die *intercessio* stets drohte, waren Amtsinhaber gehalten, den Konsens zu suchen und isolierte Initiativen zu vermeiden, und wenn tatsächlich Intercession eingelegt wurde, mußte das nicht unbedingt das Ende sein, sondern konnte Anregung geben zu neuen Verhandlungen und der Wiederherstellung des Konsenses. Als Caesar sein Siedlungsgesetz vor das Volk brachte, lag es auf der Hand, daß Intercession eingelegt werden würde, und die vorangehende Verweigerungshaltung des Senats hatte schon verdeutlicht, daß Verhandlungen über einen Kompromiß aussichtslos waren, daß Caesar demnach seine Projekte nur sang- und klanglos fallen lassen konnte. Dies kam für Caesar nicht in Frage. Er setzte den Abstimmungstermin für sein Gesetz fest, ließ seine Helfer nachts den Versammlungsplatz besetzen und sorgte dafür, daß sein Kollege Bibulus und die intercessionswilligen Volkstribune in dessen Schlepptau vom Forum heruntergeprügelt wurden. Man zerbrach Bibulus die *fasces*, die Rutenbündel, die als Symbol der Amtsmacht dem Consul vorangetragen wurden, und überschüttete ihn mit Mist. Daß darüber hinaus bei dieser Aktion sakrosankte, also eigentlich unantastbare, Volkstribune verwundet wurden, was eigentlich ein Sakrileg darstellte, nahm Caesar ebenfalls in Kauf. Nach diesen Vorbereitungsmaßnahmen wurde das Gesetz angenommen.

Am nächsten Tag bemühte sich Bibulus vergeblich, den Senat zur Kassierung des Gesetzes zu bewegen; in einer Lage, in der Caesar große Teile der stadtrömischen Bevölkerung hinter sich hatte und Pompeius mit seinen Veteranen das Gesetz unterstützte, schien den Senatoren ein solcher Versuch aussichtslos zu sein. Statt dessen erfüllten sie zähneknirschend die in die Endfassung des Siedlungsgesetzes hineingeschriebene Auflage, daß jeder Senator die Einhaltung des Gesetzes zu beschwören habe. Caesar hatte sich drastisch durchgesetzt.

Bibulus zog sich daraufhin schmollend in sein Haus zurück, das er während des gesamten Amtsjahres nicht mehr verließ. Dadurch hatte Caesar in gewisser Weise leichtes Spiel und ließ nun ein Gesetz nach dem anderen verabschieden. Er sorgte für die Reduzierung der Pachtsumme zugunsten der Steuerpächter der Provinz Asia, was Crassus ja so sehr am Herzen lag, und für die Ratifizierung der Verfügungen des Pompeius im Ostteil des Reiches. In der leidigen ägyptischen Frage erreichte er mit der offiziellen Anerkennung des Ptolemaios XII. als König eine vorübergehende Entspannung. Bald brachte er mit einem weiteren Siedlungsgesetz auch die fruchtbaren kampanischen Ländereien zur Verteilung, wobei er regelrecht Sozialpolitik betrieb: Familien mit drei und mehr Kindern wurden bei der Bewerbung um eine solche Parzelle bevorzugt behandelt. Er ließ ein in der Sache offenbar gut durchdachtes Gesetz zum Schutz der Provinzbewohner vor Ausbeutung durch die römischen Statthalter in Kraft setzen. Dem König des germanischen Stammes der Sueben, Ariovist, verschaffte er die Anerkennung als Bundesgenosse und Freund des römischen Volkes. Für sich selbst sorgte er vor, indem er sich durch ein Gesetz des mit ihm kooperierenden Tribunen Publius Vatinius Gallia Cisalpina, also Oberitalien, und Illyricum, also den Küstensaum an der östlichen Adria, auf fünf Jahre übertragen ließ. Daß der Senat diesem Provinzenbündel auf Antrag des Pompeius noch Gallia Narbonensis, also grob das Gebiet der heutigen Provence, hinzufügte, nachdem der zuständige Statthalter überraschend gestorben war, war ein für Caesar glücklicher – und welthistorisch folgenreicher – Zufall.

Doch obwohl Caesar den lästigen Bibulus losgeworden war und seine Projekte zunächst einmal verwirklichen konnte, waren diese äußeren Erfolge doch dubios und möglicherweise prekär, und Caesar bewegte sich keineswegs als strahlender

Sieger durch sein Consulat. Bibulus hatte mit seinem Rückzug theatralisch akzentuiert, daß einer der beiden höchsten Repräsentanten des römischen Staates notgedrungen der brutalen Gewalt seines Kollegen weichen mußte, und er hielt die Erinnerung an diesen eigentlich für alle Römer skandalösen Umstand wach, indem er ständig Edikte mit bissigen Kommentaren zur Tagespolitik in der Stadt aushängen ließ. Schlimmer noch war, daß Bibulus jede öffentliche Handlung Caesars und seiner Helfer mit der Ankündigung begleitete, er werde den Himmel beobachten, was der Meldung schlechter Vorzeichen und damit der Einlegung von Obnuntiation gleichkam. Alle Gesetze, die im Jahre 59 verabschiedet wurden, waren deshalb eigentlich unrechtmäßig zustandegekommen und konnten im Prinzip vom Senat für ungültig erklärt werden. Im Laufe des Jahres zeigte diese Taktik des Bibulus, mit der eigenen Schwäche Stimmung zu machen, auch durchaus ihre Wirkung, indem Caesar und Pompeius im Theater ausgepfiffen oder durch eisiges Schweigen abgestraft wurden, während Cato und Gaius Scribonius Curio, ein mutiger junger *nobilis*, der sich nicht scheute, die Herren des Dreibunds zu attackieren, von tosendem Beifall empfangen wurden. Der Zustimmungsgehorsam der sehr hierarchisch orientierten römischen Bevölkerung gegenüber der Obrigkeit korrespondierte mit sehr engen Vorstellungen darüber, wie sich Amtsträger in welcher Situation zu verhalten hatten, und Caesars Rücksichtslosigkeit und die Demütigung des Bibulus widersprachen diesen Normen so sehr, daß die Mißbilligung des Volkes von der Euphorie über beliebte Projekte wie die Siedlungsgesetze nicht lange zu überdecken war.

Damit nun das ganze Consulat nicht zum Pyrrhus-Sieg wurde, mußte Caesar sich und seine Gesetze für die Zeit danach absichern. Er selbst war durch das Gesetz des Vatinius für fünf Jahre zum Provinzstatthalter bestellt worden, und da ein Amtsinhaber gegen Anklagen geschützt war, konnte er für die nähere Zukunft beruhigt sein – sofern die Gesetze von 59 nicht aufgehoben wurden. Damit dies nicht geschah, waren Vertrauensleute unter den jeweiligen Jahresbeamten vonnöten, die entsprechende Bestrebungen hintertreiben konnten. Der wichtigste Garant für den Fortbestand der caesarischen Gesetze war aber Pompeius, der daran ein elementares Interesse hatte, und so blieb Caesar auf Pompeius auch in der Folgezeit angewiesen. Es war nur konsequent, daß Caesar die Verbindung zu Pompeius durch die Verheiratung seiner Tochter Iulia mit dem großen Feldherrn verstärkte. Er selbst heiratete nach der Scheidung von Pompeia nunmehr Calpurnia, die Tochter des Lucius Calpurnius Piso, der als Consul von 58 sogleich Gelegenheit erhielt, seinem Schwiegersohn von Nutzen zu sein.

Doch der Konflikt zwischen Caesar und seinen Gegnern im Jahre 59 war nicht von der Art, daß er mit der Zeit abgemildert und gelöst worden wäre, sondern er bildete die Grundlage für den 49 ausbrechenden Bürgerkrieg, in dem die römische Republik unterging und durch die Monarchie abgelöst wurde. Nun waren schwere innere Auseinandersetzungen in Rom wahrlich nichts Neues, und viele davon waren weit blutiger verlaufen als die Prügeleien des Jahres 59. Doch während sonst die senatorische Führungsschicht die Außenseiter, die sich gegen sie gestellt hatten, isoliert und oft gewaltsam beseitigt hatte, schien Caesar zunächst einmal unangreifbar, obwohl er besonders viel auf dem Kerbholz hatte. Caesar stützte sich zudem nicht nur – wie gewohnt – auf Anhang in der Volksversammlung, sondern auch auf die vereinigten Machtpotentiale von Pompeius und Crassus; weiterhin hatte die Opposition gegen Caesar nicht nur die Intercession, sondern immer wieder auch die Obnuntiation eingesetzt, so daß die Obstruktionsmittel dadurch, daß Caesar sie einfach beiseite gewischt hatte, dauerhaft an Wirkungsmacht verlieren mußten, was für das System nicht folgenlos sein konnte; und zuletzt hatte sich Caesar erst einmal für fünf Jahre Provinzen gesichert, so daß er vor Strafverfolgung sicher war. Aus der Perspektive der republikanischen Oligarchie mußte sich die Angelegenheit doch so darstellen: Hier hatte sich ein Consul über alles hinweggesetzt, was institutionell gegen die Verabsolutierung von Einzelinitiativen wirkte, und rücksichtslos sein

Programm durchgezogen; wenn er damit davonkam – und danach sah es bei nüchterner Betrachtung zunächst einmal aus –, würde er auch Nachahmer finden, und das republikanische Regiment drohte, obsolet zu werden.

Von daher ist es verständlich, daß eine Gruppe besonnener Senatoren zu retten suchte, was noch zu retten war, und Caesar ein Kompromißangebot unterbreitete. Man schlug ihm vor, seine Gesetze nochmals einzubringen, und zwar auf eine Weise, die nicht dem Sakralrecht zuwiderlief, d. h. man wollte dafür sorgen, daß dieses Mal keine Obnuntiation eingelegt würde. Doch obwohl damit ja der Inhalt der caesarischen Gesetze akzeptiert worden wäre und der neue Modus der Verabschiedung dafür gesorgt hätte, daß diese Gesetze nicht jederzeit für ungültig erklärt werden konnten, lehnte Caesar ab. Diese Reaktion mutet zunächst einmal erstaunlich an und ist daher erklärungsbedürftig. Nun kann man sicherlich annehmen, daß Caesar gegenüber der plötzlichen Flexibilität der Senatoren ein gewisses Mißtrauen hegte. Doch entscheidend dürfte eine kühle Kalkulation gewesen sein: Hätte Caesar das Kompromißangebot akzeptiert, wäre er dennoch für die von ihm schwer gedemütigte Senatsgruppierung ein schwarzes Schaf geblieben, aber die Nutznießer seiner Gesetzgebung, also vor allem Pompeius, wären nicht mehr gezwungen gewesen, Caesars gesamtes Consulat samt allen Rechtsbrüchen im Kern verteidigen zu müssen, um die ihre Ziele realisierenden Gesetze aufrechtzuerhalten. Die Umsetzung des Kompromißangebots hätte es Pompeius ermöglicht, Caesar fallen zu lassen, ohne daß die Ratifizierung seiner Neuordnung im Osten gleich mitgestürzt wäre. Dies sah Caesar offenbar sehr nüchtern, und so ließ er sich nicht darauf ein.

In dieser Episode wird schlaglichtartig erkennbar, daß der Bruch zwischen Caesar und der senatorischen Opposition kaum noch zu kitten war. Für Caesar wurde der vielfache Verstoß gegen zentrale Vorschriften der geltenden Ordnung zum Mittel, um Pompeius an sich zu ketten und solchermaßen abgesichert seine Machterweiterung in den Provinzen betreiben zu können, gleichzeitig rechnete er nicht einmal bei Annahme und Umsetzung des Kompromißangebots damit, daß ihn seine Gegner nicht weiter bekämpfen würden. Die Konfrontation, die dann 50/49 eintrat, als Caesars Rückkehr in die Innenpolitik nicht mehr hinauszuzögern war, basierte auf dem Grundsatzkonflikt von 59, der unverändert fortbestand.

Als Caesar im Frühjahr 58 in seine Provinzen abreiste, war er daher mit einer schweren Hypothek belastet, die er kaum würde abtragen können. Seine Verstöße gegen die üblichen Formen waren so schwerwiegend gewesen, daß er sich unversöhnliche Feinde gemacht hatte. Caesar mußte schon aus politischem Überlebenswillen heraus darauf bedacht sein, seine Machtmittel und sein Prestige durch erfolgreiche Kriege soweit zu steigern, daß ihm seine Gegner nichts mehr würden anhaben können. Die Lasten dieses Erfolgsdrucks hatten die Gallier zu tragen.

IV. Die Flucht in den Krieg – Caesars Eroberung von Gallien

Kaum war Caesars Consulat ausgelaufen, begannen die Attacken gegen ihn und die Gültigkeit seiner Gesetze. Auch wenn dies Nadelstiche blieben und letztlich kein Senatsbeschluß oder Gerichtsurteil gegen den Dreibund zustandekam, machte die Opposition doch damit deutlich, daß sie noch lebendig war und keineswegs bereit, die Angelegenheit auf sich beruhen zu lassen. Caesar entzog sich bald dem verbalen Schlagabtausch im Senat, blieb aber noch einige Wochen vor der Stadt, um die Innenpolitik in seinem Sinne zu beeinflussen. Keine Initiative, sondern nur zurückhaltende Duldung war erforderlich, damit Cicero, der wortmächtigste Redner seiner Zeit, der sich vielleicht auf die Gegenseite hätte schlagen können, von seinem Intimfeind, dem Volkstribunen Publius Clodius Pulcher, ins Exil getrieben wurde. Erfreulich beunruhigende Nachrichten aus Gallien veranlaßten Caesar dann zur eiligen Abreise in seine Provinzen, so daß er es nicht mehr miterlebte, wie Cato, der kompromißlose Gegenspieler, in ehrenvoller Mission nach Zypern abgeschoben wurde.

Über den Gallischen Krieg, der jetzt mit dem Helvetierkrieg begann, verfaßte Caesar bis zum Jahre 51 sog. *commentarii* in sieben Büchern, denen sein treuer Gefolgsmann Aulus Hirtius dann ein achtes über die Zeit bis zum Ausbruch des Bürgerkriegs folgen ließ. Die Kommentarien gelten als ein Genre der nüchternen, verhältnismäßig schmucklosen Berichterstattung; Kommentarien sind nach antiken Maßstäben eher Materialsammlungen für historische Werke als wirkliche – nämlich rhetorisch aufgeputzte – Geschichtsschreibung. Daß Caesars Werke aber unsterblich geworden sind, liegt nicht nur an der unstrittigen Bedeutung ihres Verfassers und der Geschehnisse, die er abhandelt, sondern auch an dem prägnanten Stil und der luziden Darstellungsweise. Doch bei aller Bewunderung für die literarische Qualität des Werkes können wir auf der Suche nach den Ursachen des Gallischen Krieges natürlich

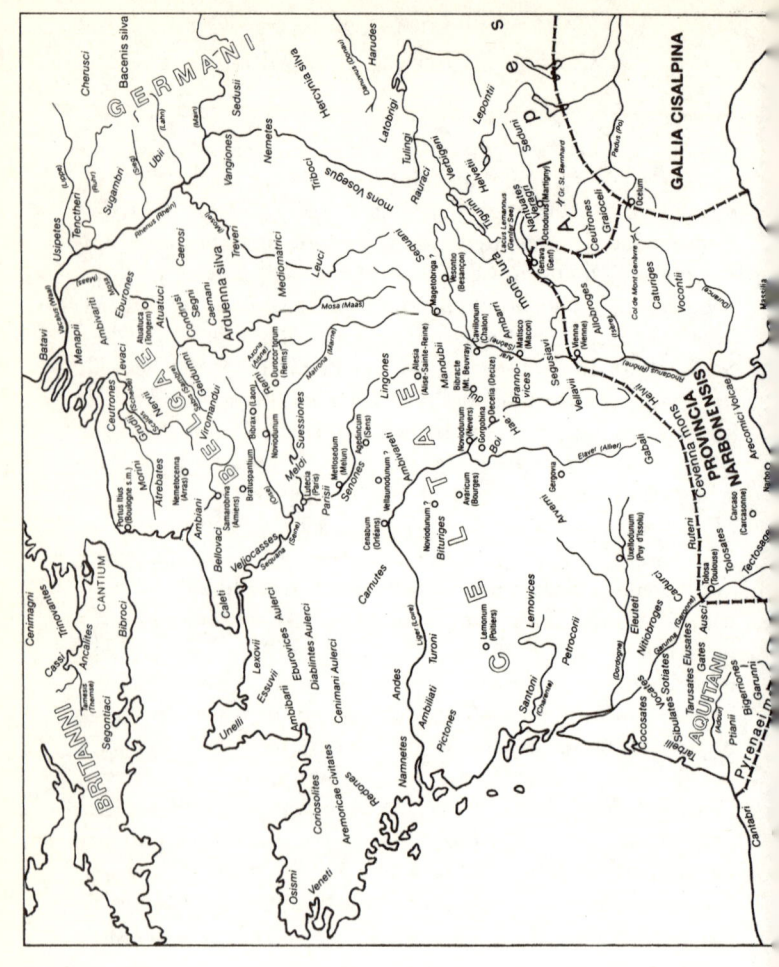

Abb. 2: Gallien
zur Zeit Caesars
(Artemis &
Winkler Verlag,
Düsseldorf und
Zürich)

nicht einfach bei dem stehenbleiben, was uns der Sieger Caesar erzählt. Da uns jedoch über die Kriege in Gallien keine unabhängigen Parallelberichte vorliegen, ist Caesars Version nicht leicht zu korrigieren. Die einzigen Mittel, die zur Verfügung stehen, sind die kritische Prüfung von Caesars Text auf eventuelle sachliche Ungereimtheiten hin und die Analyse der Interessenlage der Akteure. Letztere legt den Verdacht nahe, daß Caesar keineswegs nur als uneigennütziger Sachwalter römischer Interessen und Beschützer römischer Bundesgenossen tätig war.

In der römischen Republik war nichts so prestigeträchtig wie ein erfolgreiches militärisches Kommando. Ehrgeizige Statthalter waren folglich darauf aus, ihre Amtszeit zur Kriegführung zu nutzen, doch für Caesar stellte dieser mögliche Gewinn an Ansehen und Macht nicht nur eine schöne Prämie dar, die jeder gerne mitnahm, sondern bei ihm ging es um die politische Existenz: Die Feinde, die er sich in seinem Consulat gemacht hatte, betrieben seine Vernichtung, und die Koalition mit Pompeius und Crassus, mit deren Hilfe Attacken auf die Rechtmäßigkeit seiner Gesetze derzeit unterdrückt werden konnten, war eine prekäre Angelegenheit. Caesar blieb gar nichts anderes übrig, als die Erhöhung seines Eigengewichts und die Übertönung seiner Gegner durch völlig unbestreitbare Leistungen anzustreben, und das hieß konkret: Er benötigte militärischen Ruhm, zudem die finanziellen Mittel, die im Kriege zu gewinnen waren, schließlich die treue Anhänglichkeit, die eine Kette von Siegen mit den entsprechenden Beuteverteilungen bei Soldaten und Offizierskorps erzeugen konnte. Hinzu kam das Faktum, daß er ja gar keine reguläre Statthalterschaft bekleidete, sondern durch das Gesetz des Vatinius ein außerordentliches Kommando für die Dauer von fünf Jahren erhalten hatte. Solche Ausnahmegewalten waren ihrer Natur nach auf die Bewältigung einer Krise ausgerichtet; Caesar hätte sich vor der römischen Öffentlichkeit geradezu lächerlich gemacht, wenn er sich in diesen fünf Jahren darauf beschränkt hätte, brav und bieder seine Jurisdiktions- und Verwaltungsaufgaben als Statthalter zu versehen.

Caesar brauchte also einen großen Krieg. Daß er sich zunächst die Provinzen Gallia Cisalpina und Illyricum übertragen ließ, spricht für seine Einschätzung, daß sich in diesen Regionen ein solcher Krieg motivieren und führen ließ. Die Anziehungskraft von Gallia Cisalpina bestand zweifellos auch darin, daß der dortige Statthalter von Oberitalien aus engen Kontakt nach Rom halten konnte und so in der Lage war, Einfluß auf die Innenpolitik zu nehmen; das war in Caesars Lage wichtig und wäre etwa von Syrien aus nicht organisierbar gewesen. Zudem wohnten in dieser Provinz große Mengen römischer Bürger, da das Gebiet südlich des Po komplett eingemeindet worden war; man konnte also in der Cisalpina Legionen rekrutieren und auch schon einmal Anhänger zu den Wahlen nach Rom reisen lassen. Doch da unlängst die Boier im Norden der Provinz gegen Freunde des römischen Volkes gekämpft hatten, bot die Cisalpina auch durchaus Konfliktpotential, aus dem sich ein Krieg hätte entwickeln lassen. Vielversprechender war aber wohl von Anfang an Illyricum. Hier war der schmale Adriastreifen, den die Römer in dieser Zeit beherrschten, stets von den Stämmen des Hinterlandes bedroht gewesen, und jetzt war wohl an der Donau die Reichsbildung des Dakerkönigs Burebistas im Gange, so daß zu erwarten war, daß sich hier leicht Vorwände für eine Befriedungsaktion mit Annektion von Pufferzonen würde finden lassen.

Erst die ganz zufällige Vakanz der Statthalterschaft von Gallia Narbonensis ermöglichte die Übertragung dieser Provinz an Caesar. In Gallien war es unlängst zu besorgniserregenden Destabilisierungen gekommen: Die Haeduer hatten unglücklich gegen die Sequaner gekämpft, die sich den Suebenhäuptling Ariovist zu Hilfe geholt hatten; 61 mußte ein Allobrogeraufstand niedergeschlagen werden, und die Helvetier schienen in Bewegung zu geraten, was den Senat zur Entsendung einer Gesandtschaft veranlaßte. Sehr zum Leidwesen des zuständigen Statthalters hatte sich die Lage jedoch wieder entspannt, so daß aus der Perspektive des Senats heraus zunächst einmal kein Handlungsbedarf bestand. Aber bei einigem guten Willen konnte man hier vielleicht doch eine Krise aufspüren und schüren, die ein militärisches Eingreifen rechtfertigte. Mit seinem Provinzenbündel hatte sich Caesar also eine Reihe von Optionen gesichert, in seiner Amtszeit einen größeren Krieg zu führen und so die außenpolitischen Gründe für die Übertragung seiner langjährigen Befehlsgewalt nachzuliefern. Festgelegt war er indessen nicht, und so war es weitestgehend ein Zufall, daß ihm als erstes die Helvetierwanderung die Gelegenheit zum Eingreifen bot.

Diese Gelegenheit ergriff Caesar entschlossen beim Schopfe. Die Helvetier hatten nach zweijähriger Vorbereitung ihre angestammten Wohnsitze im Gebiet der heutigen Schweiz verlassen, um sich am Atlantik einen neuen Siedlungsraum zu erschließen. Von den beiden Wegen, die sie einschlagen konnten, war der durch das Allobrogergebiet im Norden der römischen Provinz Gallia Narbonensis der erheblich bequemere, und so standen sie nun an der Rhone bei Genf und ersuchten den hastig herbeigeeilten Statthalter Caesar um die Erlaubnis, durch die Provinz ziehen zu dürfen. Caesar bat sich zwei Wochen Bedenkzeit aus, befestigte in dieser Zeit die Grenze, ließ seine Truppen heranmarschieren und gab dann den zurückkehrenden Gesandten der Helvetier den abschlägigen Bescheid, es sei nicht Brauch des römischen Volkes, fremde Völkerschaften durch ihr Territorium ziehen zu lassen. Daß Caesar 14 Tage gebraucht haben wollte, um zu dieser tiefschürfenden Erkenntnis zu gelangen, war den Helvetiern kaum zu vermitteln, und so fühlten sie sich begreiflicherweise zum Narren gehalten. Sie versuchten dennoch überzusetzen, wurden aber ohne große Mühe zurückgeschlagen und wandten sich daraufhin dem beschwerlicheren Weg durch das Sequanergebiet zu, wo sie sich freien Durchzug ausgehandelt hatten.

Wie uns Caesar berichtet, erfuhr er jetzt von dem Plan der Helvetier, die Territorien der Sequaner und anschließend der Haeduer zu durchqueren und sich im Lande der Santonen niederzulassen, die nicht weit von den schon zur römischen Provinz gehörenden Tolosaten siedelten. Es wäre – wie er gleich erkannte – mit großen Gefahren für die Provinz verbunden gewesen, wenn ein so kriegerisches und feindseliges Volk mit weiten und ertragreichen Ländereien in ihrer Nachbarschaft leben würde. Daher überließ er seinem Legaten Titus Labienus die Überwachung der Befestigungen, eilte nach Oberitalien und hob zwei weitere Legionen aus, die er samt den drei schon dort stationierten Legionen in die Krisenregion führte. Dann zog er über die Rhone ins Gebiet der Segusiaver, die – wie er mit entwaffnender Offenheit bemerkt – der erste Stamm *außerhalb* der Provinz waren.

Mit dieser Begründung seines Eingreifens zündete Caesar zweifellos eine Nebelkerze, denn die Region um das moderne Saintes, in der die Santonen lebten, ist vom Tolosatengebiet um das moderne Toulouse mehr als 200 km (Luftlinie!) entfernt, und dazwischen lebten die Lemovicen, Petrocorier, Nitiobroger und Cadurcen. Caesar machte sich zunutze, daß römische Senatoren keine Veranlassung hatten, etwas über gallische Geographie zu wissen, und daß es keine Karten gab, auf denen man einfach hätte nachsehen können. Doch bemerkenswert ist, daß Caesar ganz offen schreibt, daß er zum präventiven Schutz der Provinz die Grenze überschreitet. Diese Offenheit konnte er sich leisten, weil es den Maximen römischer Außenpolitik durchaus entsprach, im Vorfeld der Provinzen bei den geringsten Anzeichen für unliebsame Entwicklungen offensiv zu werden. Daher mußte er auch nicht mit Schwierigkeiten in Rom rechnen, weil er – wie er ganz selbstverständlich mitteilt – das Hilfegesuch der Haeduer erst erhielt, als er die Provinzgrenze schon überschritten hatte. Doch schadete es jedenfalls nichts, daß er nunmehr zum Schutz von Bundesgenossen und damit für ein in Rom vertrautes und allgemein anerkanntes Ziel Krieg führen konnte.

Caesar überfiel nun einen Teilstamm der Helvetier, der gerade dabei war, über die Saone zu setzen, und tötete viele, die übrigen flohen. Sodann eilte er dem Rest der Helvetier hinterher. Diese wurden von seiner plötzlichen Ankunft überrascht und schickten Gesandte, die ihn vor der Kampfkraft ihres Stammes warnten, geschmackloserweise an die Niederlage erinnerten, die sie den Römern 107 beigebracht hatten, und Caesar aufforderten, ihnen lieber friedlich neues Land anzuweisen, als es auf einen Kampf ankommen zu lassen. Solche Arroganz konnte sich Caesar natürlich nicht bieten lassen, und so vertrat er mit Nachdruck den römischen Überlegenheitsanspruch und bot einen Frieden nur unter der Bedingung an, daß die Helvetier die angerichteten Schäden wiedergutmachten und ihm Geiseln als Pfand ihres Gehorsams stellten. Dies lehnten die Gesandten ab, und so trieb alles auf die Entscheidungsschlacht zu, die bei Bibracte (bei Autun) geschlagen wurde und mit einem hart umkämpften Sieg Caesars endete. Die Versorgungslage der Helvetier war danach so katastrophal, daß sie wohl oder übel ihre Unterwerfung anbieten mußten. Caesar nötigte sie zur Übergabe von Geiseln, Waffen und Überläufern und schickte sie dann in ihr ursprüngliches Territorium zurück, wo sie weiterhin ein Bollwerk gegen die Germanen bilden sollten.

Caesar hatte damit einen ersten bemerkenswerten Erfolg erzielt, doch zu seinem Glück wurde er sofort wieder zu Hilfe gerufen, so daß er den nächsten Feldzug anschließen konnte. Wie Caesar uns eindringlich vorführt, öffnete ihm der Haeduer Diviciacus, ein verläßlicher Römerfreund, bei einer vertraulichen Unterredung die Augen: Seit die Arverner und Sequaner in ihrem Bemühen, sich gegen die Haeduer durchzusetzen, germanische Hilfstruppen über den Rhein gerufen hätten, seien immer mehr Germanen nachgedrängt, und es drohe nunmehr die Vertreibung der Gallier. Der Führer dieser Bewegung sei der Suebenfürst Ariovist, der seine ursprünglichen Auftraggeber, die Sequaner, inzwischen eng an der Kette halte und diesen ebenso wie den Haeduern, die den Sequanern nach einer Niederlage hätten Geiseln stellen müssen, untersagt habe, die Römer über diese Verhältnisse zu informieren; erführe der cholerische Barbar Ariovist von dieser Besprechung, so würde er sicherlich alle Geiseln, die er kontrolliere, grausam hinrichten lassen. Einzig Caesar könne Ariovist und den Germanenstrom nach Gallien stoppen. Und Caesar reagierte, wie es sich gehörte: Er verschloß sich dem verzweifelten Hilferuf Galliens nicht.

Dieses Horrorszenario hat Caesar offenkundig für sein römisches Publikum entworfen, dem bei der Erwähnung von Germanen nach wie vor die Schrecken des Kimbern- und Teutonenzuges gegenwärtig waren, gegen den man sich am Ende des 2. Jahrhunderts v. Chr. mit Mühe und Not behauptet hatte. In ihrem hysterischen Sicherheitsbedürfnis neigten die Römer ohnehin dazu, bei den leisesten Ansätzen zu einer größeren Machtbildung in ihrem weiteren Einflußbereich mit Unterdrückung zu reagieren; aber was Caesar hier vorführte, entsprach in der römischen Skala von Bedrohlichkeitsstufen mindestens dem seit Oswald Spengler regelmäßig heraufbeschworenen „Untergang des Abendlandes". Der Schluß lag auf der Hand: Es mußte das Kulturland vor der Gefahr aus dem Norden gerettet werden! Und einem frechen Barbaren konnte man respektloses Verhalten gegenüber den Römern und ihren Bundesgenossen sowieso nicht durchgehen lassen. Allein schon die Tatsache, daß die Haeduer als Freunde der Römer den Sequanern und Ariovist Geiseln stellten, war nach Caesar eine große Schande für – und jetzt beachte man die Reihenfolge – ihn und den Staat.

Folgen kann man Caesar in der Sache nur zum Teil. Wie man heute weiß, ist die ganze Trennung zwischen einem rechtsrheinischen Germanien und einem linksrheinischen Gallien mit der starken Betonung fundamentaler Unterschiede zwischen den Bevölkerungsgruppen mehr ein caesarisches Konstrukt, das von ihm ausgehend Geschichte gemacht hat, als eine Beobachtung der damaligen Realität. Aber Caesar brauchte die Rheingrenze nicht nur als Markierung, sondern auch als „ethnische Scheide", um seine Eroberung Galliens bis zum Rhein als ein abgeschlossenes Unternehmen präsentieren zu können. Auch die in der momentanen Lage bestehenden Gefahren und die möglichen Entwicklungen sind von Caesar zweifellos überzeichnet worden; er benötigte für die Auseinandersetzung mit Ariovist besonders starke Gründe, da er selbst in seinem Consulat für die Aufnahme des Suebenherrschers unter die Freunde und Bundesgenossen Roms gesorgt hatte. Und daß er von der Abhängigkeit der Haeduer nun erst erfahren haben will, ist ganz unglaubwürdig.

Caesar schickte Ariovist zwei Gesandtschaften, um dem römischen Bundesgenossen, der sich ihm ja schließlich für die Verleihung dieses Status verpflichtet zu fühlen hatte, die Gelegenheit zu bieten, sich der Leitung seines wohlwollenden Mentors anzuvertrauen und von seinem bisherigen Kurs abzurücken. Ariovist verhielt sich aber so, wie es dem römischen Barbarenbild entsprach: Er bestand in ignoranter Verkennung der gerechten Weltordnung darauf, mit dem Vertreter des römischen Staates auf gleicher Stufe zu verhandeln, und glaubte darüber hinaus, als Folge seiner Eroberungen stünden ihm dieselben Rechte zu, wie sie die Römer nach ihren Siegen für sich in Anspruch nahmen. Solche ‚Arroganz' erlaubte nur eine Antwort: Caesar zog nach Norden gegen Ariovist.

Als das römische Heer nach Vesontio (Besançon) gelangt war, registrierte Caesar plötzlich einen krassen Stimmungsabfall bei seinen Leuten. Die Gerüchteküche kochte, in den umlaufenden Geschichten wurden die Germanen Ariovists immer größer und wilder, und Caesars Offizieren sank der Mut, so daß viele um die Erlaubnis zur Heimkehr baten, andere deprimiert durchs Lager schlichen; allgemein wurden Testamente gemacht. Wie Caesar selbst betont, waren diese Praefecten und Tribune Männer ohne große Kriegserfahrung, die ihm aus Freundschaft gefolgt waren. Die Verzagtheit der Amateure steckte die Profis an: Auch die erfahrenen Centurionen und Decurionen und die altgedienten Soldaten wurden von der Panik erfaßt, und es drohte die Befehlsverweigerung. In dieser Lage berief Caesar sofort den Kriegsrat ein, zu dem er neben den Offizieren auch die Centurionen hinzuzog, die routinierten Fähnleinführer, die das Rückgrat der römischen Armee bildeten. In seiner Ansprache erwies sich Caesar als Meister der Truppenführung, der die Gefahren relativierte, die Überlegenheit römischer Waffen und die konkreten Verdienste seines Heeres herausstrich, sein durch den Helvetierkrieg erwiesenes Glück und Geschick betonte, den Korpsgeist und die Konkurrenz untereinander anstachelte und dezent Gewinne in Aussicht stellte.

Daß Caesar die Soldaten wie die Offiziere zu packen wußte und genau den richtigen Ton traf, ist ein Element seiner Darstellung, das wir als glaubwürdig akzeptieren können. Die große Einsatzbereitschaft und Loyalität seines Heeres in der Folgezeit ließen sich ohne diese besonderen Führungsqualitäten des Feldherrn nicht erklären. Die Fähigkeit, Menschen für sich einzunehmen, ist das vielleicht faszinierendste Talent Caesars. Genauso wie er im Wahlkampf jedem Bürger, egal welcher Herkunft und welchen Ranges, das Gefühl zu geben verstand, er nehme ihn ernst und achte ihn, so vermittelte er seinen Soldaten den festen Eindruck, ihm liege ihr Schicksal wirklich am Herzen und er verlange ihnen nichts ab, was nicht der gemeinsamen Sache diene und was er sich nicht auch selbst zumute. Selbst hartgesottene Politiker aus der Führungsschicht konnten sich dem bestrickenden Charme Caesars nicht entziehen, wie uns Cicero bezeugt. Daß Caesar so überzeugend wirkte, daß er nicht der Heuchelei zu überführen war, hängt wohl damit zusammen, daß er sich wie jeder echte Charismatiker selber glaubte, daß er also in der jeweiligen Situation von seinen jovialen und oft sentimentalen, von der Sorge um das Ganze wie von der Fürsorglichkeit für den einzelnen getragenen Gesten und Worten gänzlich durchdrungen war. In diesen Momenten war er daher völlig glaubwürdig, was keineswegs ausschließt, daß er auch sehr nüchtern und scharfsinnig Interessenkalkulation betrieb.

Nachdem diese Krise der Truppenmoral überwunden war, marschierte Caesar mit seiner Armee weiter nach Norden und stieß wohl im Elsaß auf Ariovist, der nunmehr eine Unterredung anbot. Wie es sich nach römischem Weltbild für einen Barbaren gehörte, zeigte der Germanenherrscher bei diesem Treffen keine Einsicht, ja einige seiner Reiter eröffneten sogar in echt barbarischer Treulosigkeit während des Gesprächs die Kampfhandlungen, so daß Caesar die Verhandlungen abbrach. Jetzt blieb nur noch der Krieg. Caesar schlug in einer großen Schlacht die Germanen, trieb die Überlebenden über den Rhein zurück und befreite Gallien – und Rom! – fürs erste von der Germanengefahr.

Nach diesem zweiten großen Sieg legte Caesar seine Legionen vorzeitig zu den Sequanern in die Winterquartiere und reiste in seine Provinz Gallia Cisalpina, um sich dort seinen Jurisdiktionsaufgaben zu widmen. Es wurde das geradezu stereotype Muster seiner Statthalterschaft, daß er sich im Winter in Oberitalien aufhielt; nur zweimal, 54/3 und 51/0, blieb Caesar in Gallien. Daß er sich um Gallia Cisalpina kümmerte und zweimal, 57/6 und 55/4, nach Illyricum zog, hat natürlich damit zu tun, daß er seine Pflichten auch in diesen Regionen nicht vernachlässigen und damit keine Angriffsflächen bieten wollte. Hinzu kam aber, daß er von Oberitalien aus wieder enge Tuchfühlung mit Rom halten konnte, um die Entwicklungen zu seinen Gunsten zu beeinflussen. Auch in Gallien war er vom Informationsfluß nicht völlig abgeschnitten: Er organisierte einen Kurierdienst, der ihm die regelmäßigen Berichte seiner Sachwalter aus der Hauptstadt brachte und weitere Korrespondenz; Caesar selbst sandte unablässig Briefe an alle möglichen Persönlichkeiten der römischen Politik. Wir hören davon, daß er in der Lage war, selbst auf Reisen vier Sekretären gleichzeitig zu diktieren. Über das Konzentrationsvermögen und die Arbeitskraft Caesars kann man nur staunen, auch wenn man bedenkt, daß das Alltagspensum der römischen Senatoren allgemein sehr groß war. Caesar bemühte sich, die Standortnachteile der teilweise weiten Entfernung von Rom durch unablässige Kontaktpflege zu kompensieren. Dies gelang ihm meistens, aber nicht immer.

Schon während des Winters erreichten Caesar Nachrichten über eine Verschwörung aller Belger gegen Rom. Wie Caesar schreibt, befürchteten die Belger, nach der Befriedung ganz Galliens selbst an die Reihe zu kommen, zudem wurden sie von Galliern aufgehetzt, denen die Vertreibung der Germanen zwar sehr recht gewesen war, die nun aber die Überwinterung der Römer mitten im Lande ablehnten, teils aus Leichtsinn – laut Caesar die dominierende Eigenschaft der Gallier –, teils aus eigenem Herrschaftsstreben heraus. Caesar hob daraufhin zwei neue Legionen aus, die er unter dem Kommando seines Cousins Quintus Pedius in die Narbonensis schickte, und ging selbst zur Truppe nach Zentralgallien, mit der er ins Belgergebiet einrückte.

Man sieht hier klar, wie ein Krieg den nächsten erzeugt. Schon allein die Tatsache, daß das römische Heer mitten in Gallien überwinterte, löste bei den bisher noch nicht involvierten Stämmen im Norden Ängste und die Neigung zu Präventivmaßnahmen aus, und man kann wirklich nicht behaupten, daß diese Ängste grundlos waren. Auf der anderen Seite war es von den Römern kaum zu verlangen, daß sie sich nach ihrem Sieg im Elsaß wieder bis in ihre Provinz zurückzögen, denn selbst wenn sie keine eigenen Annexionsinteressen besessen hätten, wäre doch die Situation noch so instabil gewesen, daß sie ohne die Kontrolle der Sieger leicht wieder hätte aus den Fugen geraten können. Von beiden Seiten her betrachtet, sind also die Verhaltensweisen nachvollziehbar, nur daß im Endergebnis genau das geschah, was eigentlich verhindert werden sollte: Die Römer rückten vor, und das Kräfteverhältnis zwischen den gallischen Stämmen destabilisierte sich. Caesar kam diese konfliktschürende Gesamtlage zweifellos entgegen, wie schon daran zu sehen ist, daß er schnell und bereitwillig in das Land der Belger vorstieß und so aus einer bedrohlichen Verschwörung einen Krieg machte.

Obwohl die Belger halbe Germanen waren und als die tapfersten unter den Galliern galten, konnte Caesar sie recht schnell auseinanderdividieren und zum Anschluß nötigen. Die Nervier wollten allerdings nicht einlenken; Caesar mußte sich gegen sie sogar selbst in die Schlacht stürzen, um seinen wankenden Truppen Halt zu geben und am Ende den Sieg zu erringen. Den arg dezimierten Nerviern ließ er eine milde Behandlung zuteil werden. Anschließend zog er gegen die Atuatuker, in deren Gebiet sich die Bewohner einer von Caesar belagerten Stadt ergaben mit dem Hintergedanken, die Römer in Sicherheit zu wiegen und sodann zu überfallen. Diesen Betrug bezahlten die Überlebenden mit dem Verkauf in die Sklaverei. Caesar bemerkt lakonisch, daß die Händler, die die Menschen kauften, für 53 000 Köpfe abrechneten. Nachdem noch der Legat Publius Licinius Crassus, der Sohn von

Caesars Allianzpartner Marcus Crassus, die Küstenvölker zur Unterwerfung veranlaßt hatte, konnte Caesar resümieren, daß jetzt ganz Gallien befriedet sei. In Rom wurde dies mit einem Dankfest in der noch nie dagewesenen Länge von 15 Tagen gefeiert, unter normalen Umständen ein verläßlicher Vorbote auf die Gewährung eines Triumphs.

Wie sich bald herausstellte, war Caesars Vollzugsmeldung reichlich voreilig. Von Befriedung, was in der römischen Vorstellung letztlich Beherrschung hieß, konnte in Gallien noch keine Rede sein, wie schon im Winter klar wurde, als sich die im Gebiet der heutigen Bretagne lebenden Veneter erhoben und schnell eine Koalition gegen Rom zusammenbrachten. Daß er Gallien noch nicht sicher kontrollierte, war Caesar gewiß auch klar, doch mit der großen Siegesmeldung konnte er in Rom natürlich Eindruck machen, und darüber hinaus verschaffte ihm die lauthals verkündete Unterwerfung Galliens die Möglichkeit, nun jede feindselige Aktion der Gallier als Aufstand zu verbuchen, den man selbstverständlich niederschlagen mußte, d.h. aus eventuellen Begründungsproblemen für seine Kriege war er endgültig heraus.

Bevor sich Caesar aber den Unruhen in Nordwestgallien widmen konnte, mußte er zunächst für eine neue Stabilisierung seines innenpolitischen Rückhalts sorgen, und dazu reichte eine Siegesmeldung nicht aus. In Rom hatte sich Pompeius 57 den Gegnern von 59 angenähert und war mit einer recht weitreichenden Vollmacht zur Organisation der römischen Getreideversorgung ausgestattet worden, gleichzeitig kam es nun wieder zu Attacken auf caesarische Gesetze, und Caesars Gegner Lucius Domitius Ahenobarbus bewarb sich um das Consulat und sprach offen darüber, daß er die illegale Statthalterschaft Caesars in Gallien beenden wolle. In dieser Lage arrangierte Caesar zunächst ein Treffen mit Crassus in Ravenna, bei dem eine Einigung für die weitere Kooperation erzielt wurde, und anschließend kamen beide mit Pompeius in Luca (heute Lucca) zusammen, wo man in aller Stille eine Erneuerung des Dreibunds vereinbarte. Was auf dieser Konferenz von Luca eigentlich abgekartet worden war, wurde der römischen Öffentlichkeit wohl erst so richtig klar, als sich Pompeius und Crassus nach langer Verschleppung des Wahltermins schließlich selbst zu Consuln für das Jahr 55 wählen ließen, wozu sie sich nicht scheuten, den unliebsamen Gegenkandidaten Ahenobarbus und dessen treuen Schwager Cato mit Gewalt am Besuch der Wahlversammlung zu hindern. Während dieses Consulats wurden Pompeius die beiden spanischen Provinzen für fünf Jahre übertragen, Crassus erhielt Syrien mit der Perspektive, den Kampf gegen die Parther, das einzige Konkurrenzreich, das Rom noch ernst nehmen mußte, nach eigenem Ermessen zu führen. Als Gegenleistung für diese Möglichkeit, selbst große Truppenkontingente zu befehligen und gegebenenfalls Kriegsruhm erwerben zu können, wurde auch Caesars Kommando um fünf Jahre verlängert mit der Zusatzbestimmung, daß vor dem 1. März 50 nicht über die Vergabe seiner Provinzen verhandelt werden dürfe. Caesars Position war damit zunächst einmal wieder gesichert, und er konnte seine Eroberungen weiter vorantreiben, doch war das Grundproblem, daß er irgendwann einmal in die Innenpolitik zurückkehren mußte, damit natürlich nicht aus der Welt geschafft.

Die Feldzüge des dritten Kriegsjahres führten zur Ausweitung des römischen Herrschaftsgebiet in Ostgallien, wo Caesar nach der fälligen Niederwerfung der Veneter, die er für ihre Gefangennahme römischer Offiziere mit der Hinrichtung des Adels und der Versklavung der Bevölkerung bestrafte, nach Norden zu auch die Küstenvölker der Moriner und Menapier heimsuchte. Der Legat Publius Crassus unterwarf derweil Aquitanien.

Im Winter erzwangen die germanischen Usipeter und Tencterer im Gebiet der Menapier den Rheinübergang und setzten sich in Gallien fest. Hier greifen wir den anderen Typus von Fehlverhalten, den Caesar militärisch zu ahnden hatte: Nach der Verschwörung von Galliern aus Angst vor der Beherrschung durch die Römer drangen nun Germanen ein in der Erwartung, sich die durch die Niederlagen gegen Caesar bedingte Schwäche der Gallier zunutze machen zu können.

Caesar war – seiner Darstellung zufolge – besorgt, die Gallier könnten sich in ihrer üblichen Neuerungssucht von den Invasoren anstecken lassen und sich von Rom lossagen, und ging früher zu seinem wie immer in Gallien überwinternden Heer als sonst. Caesars Befürchtungen erwiesen sich als berechtigt – wie könnte es auch anders sein, wenn ein Handelnder im Nachhinein seine Prognosen aufzeichnet für ein Publikum, das er beeindrucken will. Doch durch sein frühes Erscheinen erstickte er die Abfallbestrebungen im Keim, und bald konnte er gegen die Usipeter und Tencterer vorrücken. Als deren Reiter die römische Reiterei angriffen und in einem Scharmützel besiegten, obwohl ihre Gesandten gerade bei Caesar einen Waffenstillstand erwirkt hatten, glaubte Caesar – so schreibt er – nicht mehr an eine Verhandlungslösung und setzte die nächste Gesandtschaft der Germanen, der alle Fürsten und Ältesten angehörten, in seinem Lager gefangen. Die sofort eröffnete Schlacht war ein voller Erfolg für Caesar mit großen Verlusten für die Usipeter und Tencterer. Um die in Rheinnähe lebenden Germanen für die Zukunft von solchen Invasionen nach Gallien hinein abzuschrecken, überquerte Caesar den Rhein, wozu er eine – für die Umwohner als technische Leistung zweifellos höchst eindrucksvolle – Brücke über den Rhein schlagen ließ. Nachdem die Römer im Sugambrergebiet ein bißchen geplündert und gebrandschatzt hatten, kehrten sie nach 18 Tagen zurück, ohne ein Gefecht geführt zu haben, denn die Germanen waren den Invasoren ausgewichen. Ob sich Caesar von dieser Unternehmung mehr erhofft hatte als die Verbreitung von Terror, ist unklar.

Den Rest der Feldzugssaison verwandte er auf eine Stippvisite in Britannien. Dieses Unternehmen war aufwendiger, endete aber ohne nennenswerte Erfolge. Nach wechselhaften Gefechten zog Caesar wieder ab mit der vagen Zusage, man wolle ihm Geiseln senden, was dann aber nur zwei Stämme taten. Daß Caesar sein offizielles Ziel, die Unterstützung unbotmäßiger gallischer Stämme von der Insel her zu unterbinden, tatsächlich erreichte, ist äußerst zweifelhaft. In Gallien mußten dann erneut die aufständischen Menapier und

Moriner niedergeworfen werden, ehe die Truppen ihre Winterquartiere einnehmen konnten.

Der Senat quittierte die Erfolge dieses Jahres, vor allem wohl die Überfahrt in das sagenumwobene Britannien, mit einem zwanzigtägigen Dankfest. Daß aber nun nicht etwa in Bezug auf Caesars Person und seine Leistungen einhellige Wertschätzung vorlag, verdeutlicht der Antrag Catos, Caesar an die Germanen auszuliefern, da er mit der Festsetzung der Fürsten der Usipeter und Tencterer gegen das geheiligte Gesandtenrecht verstoßen habe. Auch wenn dieser Antrag wohl nie eine Chance besaß, im Senat hinreichende Unterstützung zu erlangen, so war damit doch überdeutlich ein Zeichen gesetzt, wie der harte Kern der 59 Gekränkten Caesars Statthalterschaft beobachtete: mit den Augen unversöhnlicher Feinde, die Caesars gesamte Taten nur unter dem Gesichtspunkt sahen, was man davon gegen ihn verwenden könnte.

Nachdem Caesar den Winter in Oberitalien verbracht hatte, von wo aus er einen kurzen Feldzug nach Illyricum unternommen hatte, startete er nach umfangreichen Vorbereitungen im Frühsommer 54 eine zweite Expedition nach Britannien. Diesmal wurden tatsächlich einige militärische Erfolge erzielt, doch segelten die Römer wieder nach Gallien zurück, ohne daß es gelungen wäre, wenigstens die südlichen Stämme in eine stabilere Abhängigkeitsbeziehung zu bringen. Auch sonst war die Unternehmung eher ein Fehlschlag: In der Korrespondenz Ciceros lesen wir, daß die Römer glaubten, Britannien sei ein gold- und silberreiches Land; entsprechend groß war die Enttäuschung, als man ohne nennenswerte Gewinne von der eher kärglich mit Gütern gesegneten Insel zurückkehrte.

Den Winter 54/3 verbrachte Caesar in Gallien, denn ehe er wie üblich nach Oberitalien reisen konnte, brach rund um die römischen Winterquartiere in Mittel- und Nordostgallien ein Aufstand los, der die überwiegend einzeln stationierten Legionen in existentielle Gefahr brachte. Am schlimmsten erging es den anderthalb Legionen, die im Gebiet der Eburonen stationiert waren: Sie wurden nach einem Betrugsmanöver des Eburonenführers Ambiorix völlig aufgerieben. Dagegen hielt die unter Ciceros Bruder Quintus bei den Nerviern stehende Legion tapfer durch, bis Caesar mit Entsatz herbeigeeilt war. Nach dieser Wende gelang es, den Aufstand zu unterdrücken, aber die Stimmung in Gallien blieb unruhig. Caesar fühlte sich daher veranlaßt, zwei neue Legionen in Oberitalien auszuheben und eine weitere von Pompeius auszuleihen. Mit seiner nunmehr auf 10 Legionen (etwa 50000 Mann) angewachsenen Streitmacht ging er dann im Frühjahr 53 daran, die Nervier, Senonen, Carnuten, Menapier und Treverer erneut zu disziplinieren. Hinter einem kurzen Abstecher über den Rhein standen vermutlich weiterreichende Ambitionen, doch angesichts des Rückzugs der Sueben blieb Caesar besonnen genug, um auf den Vormarsch in das unwegsame und logistisch schwer zu erschließende Gelände zu verzichten und es bei der Machtdemonstration zu belassen. Anschließend überzog er die Eburonen mit einem Vernichtungsfeldzug und versuchte mit allen Mitteln, Ambiorix in die Hände zu bekommen, der allerdings dennoch entkam.

Während seines Winteraufenthalts in Norditalien sah sich Caesar vor das große Problem gestellt, wie er die aus seiner Perspektive bedrohlichen Verschiebungen der innenpolitischen Konstellation revidieren könnte. Im Jahre 54 war Caesars Tochter Iulia gestorben, die als Ehefrau des Pompeius dazu beigetragen hatte, daß die Kooperation der Konkurrenten die Konfrontation so lange überwog. 53 war Crassus in Mesopotamien gefallen, nachdem er in seinem Ehrgeiz, hinsichtlich der militärischen Lorbeeren mit Pompeius und Caesar gleichzuziehen, einen Krieg gegen die Parther vom Zaune gebrochen hatte, dem er nicht gewachsen war. Damit fehlte Caesar der Mann im Bunde, der stets ein gewisses Gegengewicht im Sinne Caesars gebildet hatte. In Rom hatten die Gewalttätigkeiten rund um die Wahlen ein Ausmaß angenommen, das den Wert von Ruhe und Ordnung verstärkt ins Bewußtsein der Führungsschicht gerückt hatte, so daß man sogar dort einer angeblich bevorstehenden Dictatur des Pompeius keineswegs nur negativ gegenüberstand. Manches deutete also darauf hin, daß die Annäherung der Caesargegner im Senat und des

Pompeius bald noch weiter gehen könnte, als sie ohnehin schon gediehen war.

Um diese für ihn katastrophale Entwicklung zu verhindern, bot Caesar seinem einstigen Schwiegersohn eine neue Heiratsverbindung an, doch Pompeius ließ sich nicht darauf ein. Ein solch ostentativer Schulterschluß lag im Winter 53/2 zwar im Interesse Caesars, aber durchaus nicht in dem des Pompeius, der gerade von seiner unklaren Position zwischen Caesar und den Männern um Cato nur profitierte. Als dann aber im Januar 52 der große Massenmobilisator Publius Clodius Pulcher von Männern seines Widersachers Titus Annius Milo erschlagen wurde und daraufhin in Rom schwere Unruhen ausbrachen, war Pompeius vorläufig am Ziel: Der Senat sah sich gezwungen, den Notstand zu erklären und den Proconsul Pompeius zu ermächtigen, mit seinen Truppen in der Stadt die Ordnung wiederherzustellen. Caesars Partner, den er so dringend brauchte, um Attacken auf seine Stellung zu verhindern, war damit vom Senat in ein besonderes Vertrauensverhältnis gerückt worden und wurde jetzt weiter belohnt durch die Wahl in ein ganz neuartiges Consulat *sine collega* (ohne Kollegen). Als Pompeius dann tatsächlich wieder heiratete, besaß seine Wahl durchaus einen gewissen Signalcharakter: Er ehelichte Cornelia, die Tochter des Quintus Caecilius Metellus Scipio, der als entschiedener Optimat dem harten Kern der Caesargegner zuzurechnen war.

Diesen Entwicklungen gegenüber war Caesar machtlos. Doch selbst die verhältnismäßig geringen Beeinflussungsmöglichkeiten von Oberitalien aus waren ihm genommen, als ihn die Nachricht vom Beginn des Aufstands nach Gallien rief – kein Wunder, daß Caesar süffisant bemerkt, das sichere Wissen, daß sein Untergang vielen in Rom willkommen sei, habe die Gallier wesentlich zur Erhebung angestachelt. Dies ist sicherlich überzogen, doch zweifellos kam es den Galliern entgegen, daß Caesar die Abreise zu seinen Truppen als Folge der römischen Verhältnisse so lange wie möglich hinauszuzögern suchte. Als aber mit der Ermordung zahlreicher römischer Händler in Cenabum (Orléans?) ein Fanal gesetzt wurde und die Rebellion schnell weite Kreise zog, konnte Caesar nicht mehr länger abwarten, und so eilte er nach Gallien.

Führer des gallischen Aufstands war der Arverner Vercingetorix, der mit erheblichem diplomatischen Geschick und Organisationstalent eine große Koalition gegen Caesar zusammenbrachte und umsichtig die Kriegsaktionen leitete. Vercingetorix vermittelte seinen Landsleuten das Gefühl, daß sie der dauerhaften Fremdherrschaft nur jetzt noch entgegentreten könnten, und erreichte so das Aufleben einer weitreichenden gallischen Solidarität, die es bis dahin nicht gegeben hatte.

Caesar geriet dadurch in eine Existenzkrise, denn ganz abgesehen von der Gefahr an Leib und Leben, die dieser Krieg mit sich brachte, konnte er sich in seiner prekären politischen Lage keine größeren Rückschläge, geschweige denn den Zusammenbruch seiner Expansion leisten, ohne selbst als Politiker unterzugehen. Bei seinem Versuch, den Aufstand niederzuschlagen, befand er sich also einmal mehr in einer Situation, in der für ihn alles auf dem Spiel stand. Mit der gewohnten Energie und mit unerschütterlichem Selbstvertrauen ging er daran, seine Truppen aufzurichten und Stamm für Stamm zur Unterwerfung zu zwingen.

Caesars „Roll-back" lief recht erfolgreich an, unter anderem gelang es ihm, nach längerer Belagerung die Stadt Avaricum (Bourges) einzunehmen, aus der nach einem furchtbaren Gemetzel – wie Caesar selbst angibt – von 40 000 Bürgern nur etwa 800 entkommen sein sollen. Als er aber im Arvernerland Gergovia (bei Clermont-Ferrand) erstürmen wollte, erlitt er einen empfindlichen und nicht zu kaschierenden Rückschlag, so daß er sein Ziel, die Stellung des Vercingetorix durch die römischen Erfolge in dessen Heimat zu erschüttern und die Kriegsmoral der Gallier zu untergraben, verfehlte und tendenziell das Gegenteil bewirkte. Der Kampf konzentrierte sich dann auf Alesia (Alise-Sainte-Reine), wo Caesar den in der Stadt liegenden Vercingetorix belagerte, der seinerseits auf das Eintreffen des gallischen Entsatzheeres wartete. Es war ziemlich klar, daß hier die Entscheidung des Krieges fallen mußte. In dramatischer Gestaltung schildert Caesar, wie seine

Soldaten einen Belagerungsring rund um die auf einem Hügel liegende Stadt errichten und einen zweiten Ring nach außen, um die eigenen Stellungen gegen die zu erwartende gallische Entsatzarmee zu verteidigen. Als diese eintrifft, müssen die Römer den gleichzeitigen Angriffen von innen und außen standhalten und geraten teilweise in schwere Bedrängnis. Caesars Legionen wanken, sie stürzen aber nicht, und am Ende eines langen Kampftages löst sich das Entsatzheer auf und überläßt Vercingetorix und die Seinen ihrem Schicksal. Vercingetorix streckt daraufhin die Waffen, er wird gefangengenommen und für den Triumphzug in Gewahrsam gehalten; da Caesar erst im Herbst 46 dazu kommt, diesen Triumph zu feiern, verbringt der große Führer des gallischen Aufstands sechs Jahre im Gefängnis, ehe er dem Volk von Rom vorgeführt und danach hingerichtet wird. Ganz entgegen der Milde und Großzügigkeit, deren sich Caesar häufig rühmte, kannte er mit diesem gallischen Rebellen keine Gnade.

Daß sich Caesar am Ende gegen die zahlenmäßig überlegenen gallischen Truppen durchsetzte, lag sicher auch an seinen unbestreitbaren Fähigkeiten als Feldherr, seinem sicheren Blick für die Situation, seiner Kaltblütigkeit, seiner Fähigkeit, die Leistungsbereitschaft seiner Soldaten zu stärken und ihnen Zuversicht einzugeben. Wesentlich war auch die große Disziplin der römischen Legionen, die darin gallischen Heeren überlegen waren. Bei Alesia zeigte sich aber die zentrale Bedeutung der römischen Logistik: Das größte Problem der gallischen Kriegführung war es, die Verpflegung der Truppen über einen größeren Zeitraum hinweg sicherzustellen, und so ist der schnelle Abzug der Belagerungstruppen wohl nicht nur durch den Stimmungsabfall bedingt, den das Scheitern der Sturmangriffe auf Caesars Stellungen natürlich auslöste, sondern wichtiger dürften noch die Versorgungsengpässe gewesen sein. Ein großes Heer fraß einen Landstrich in kürzester Frist kahl, wenn nicht rechtzeitig und in hinreichender Menge für die Anlage von Vorräten und für Transporte aus anderen Regionen vorgesorgt war. Die dafür erforderliche Planung und Organisation war eine besondere Stärke Caesars, während die Gallier hier immer wieder in Schwierigkeiten gerieten. In dieser Dimension der Kriegführung hatten die Römer den Galliern am meisten voraus, so daß man sogar zugespitzt sagen kann: Den Sieg über die Gallier verdankte Caesar vor allem der Logistik.

Am Ende des Jahres 52 hatte Caesar seine große Eroberung gerettet, was man in Rom mit einem weiteren zwanzigtägigen Dankfest quittierte. Aber Caesar stand jetzt vor den Trümmern seiner Organisation. In der Führungsriege der Aufständischen hatten sich viele Adlige hervorgetan, die er stark gefördert hatte, und sogar die von ihm besonders privilegierten Haeduer waren zwischenzeitlich abgefallen. Da Rom keine Möglichkeit besaß, die Verwaltung in eroberten Territorien bis in untere Ebenen selbst zu übernehmen, kam Caesar nicht umhin, ein neues Beziehungsgeflecht zum einheimischen Adel aufzubauen und mit einem Gemisch aus Belohnungen und Bestrafungen bzw. Bestrafungsdrohungen eine Leitungsstruktur bei den Stämmen zu etablieren, die dort für eine romfreundliche Politik sorgte. Caesar blieb daher den Winter über in Gallien und begann im Frühjahr mit den Aufräumarbeiten. Die gallische Solidarität, die sich kurzzeitig gebildet und auch gewisse Belastungen überstanden hatte, wurde jetzt mit Zuckerbrot und Peitsche systematisch auseinanderdividiert. Das letzte Widerstandsnest in Uxellodunum schnitt Caesar von der Wasserversorgung ab, so daß sich die Belagerten ergeben mußten. Hier statuierte er ein besonders grausames Exempel: Er ließ allen, die Waffen getragen hatten, die Hände abschlagen, um den Galliern gleichsam mit Hilfe lebendiger Mahnmale vor Augen zu führen, wie es Rebellen gegen die römische Herrschaft ergehen konnte. Auch den Winter 51/0 verbrachte Caesar wieder in Gallien und bemühte sich noch einmal verstärkt um den Aufbau von Vertrauensbeziehungen, ehe er etwa Mitte des Jahres 50 nach Oberitalien reiste, um seine Rückkehr in die Innenpolitik vorzubereiten.

Läßt man Caesars Statthalterschaft und den großen Krieg bzw. die Kette von Kriegen, die er in den Jahren von 58 bis 51 geführt hat, Revue passieren, so stellen sich zwiespältige Gefühle ein. Zweifellos war Kriegführung, Zerschlagung fremder Machtpotentiale und gegebenenfalls Expansion in Rom eine so selbstverständliche Angelegenheit, daß es wenig Sinn macht, Caesar mit den anachronistischen Maßstäben eines modernen Pazifismus oder Humanismus messen zu wollen. Doch wenn man bedenkt, daß die Eröffnung und die Fortführung des Krieges von Caesar forciert wurde und nach römischen Standards wohl nicht unbedingt nötig war, löst der Gedanke schon Schauder aus, daß hier ein riesiges Territorium in acht harten Kriegsjahren vor allem deshalb erobert wurde, weil die politischen Machinationen in Rom einen Mann in die Statthalterschaft der Narbonensis geschwemmt hatten, der dringend einen großen Krieg brauchte. Die Zahl der Menschenleben, die der Krieg gekostet hat, sind schwer zu schätzen, aber Caesar selbst soll eine Gefallenenzahl von knapp 1,2 Millionen angegeben haben, wobei er – so war die antike Einstellung! – eher über- als untertrieben haben dürfte. Selbst wenn man nur etwa eine Million akzeptiert und einmal versuchsweise Gefangene und Versklavte in etwa derselben Größenordnung hinzurechnet, wenn man darüber hinaus berücksichtigt, daß die Bevölkerung Galliens kaum mehr als 10 Millionen Menschen betragen haben dürfte, so wird konkreter faßbar, welch furchtbaren Aderlaß Caesars großer Siegeszug für Gallien bedeutet hatte. Hinzu kamen die materiellen Schäden, teils durch Verwüstungen, teils aber auch durch Requisitionen und Plünderungen. Bezeichnend für die Gewinne Caesars und auch seiner Begleiter und Soldaten ist die Nachricht des Biographen Sueton, Caesar habe so viel Gold auf den römischen Markt geworfen, daß der Goldpreis um ein Viertel fiel. Daß Caesar den Tribut Galliens auf 10 Millionen Denare festsetzte, mag für die große neue Provinz zunächst einmal moderat erscheinen, war aber für das ausgeplünderte und verwüstete Land wohl schon eine starke Belastung. Mehr der Erschöpfung als einer schon tief eingewurzelten Zustimmung war es denn auch zu verdanken, daß sich die Gallier in dem bald ausbrechenden Bürgerkrieg ruhig verhielten. Im Laufe der Zeit übernahm aber Gallien tatsächlich römische Kultur und Lebensart und wurde eine der am gründlichsten romanisierten Provinzen des römischen Reiches, was sich noch heute in der französischen Sprache ausdrückt.

Für Caesar selbst bedeutete der gallische Krieg den Durchbruch als Ausnahmeerscheinung. Caesar hatte großen Kriegsruhm gewonnen, der den schon etwas verblaßten des Pompeius in den Schatten stellte, er verfügte über eine Armee von wenigstens 11 Legionen und beachtlichen Reiterkontingenten, die er durch seinen Führungsstil, seinen Erfolg und seine Großzügigkeit ungewöhnlich intensiv an seine Person gebunden hatte, er besaß ein Offizierskorps, das ihm gerade deshalb, weil es sich in erster Linie aus den Schichten außerhalb der Aristokratie rekrutierte, in besonderer Treue ergeben war. Darüber hinaus hatte Caesar seine Finanzprobleme durch die gallische Beute endgültig überwunden; mit dem gallischen Gold konnte er nicht nur alle Mitstreiter fürstlich belohnen, sondern er hatte sich auch zahllose Politiker in Rom durch Finanzhilfen verpflichtet, wozu er sich – wie Sueton berichtet – nicht gescheut hatte, den Darlehensnehmern einen Treueid abzuverlangen; das Volk fieberte schon seinen pompösen Spielen und großen Bauten entgegen, für die die Vorbereitungen seit Mitte der 50er Jahre im Gange waren. Caesar war also nach dem gallischen Krieg ein äußerst mächtiger Mann, aber seine Sünden von 59 waren deshalb noch nicht vergessen, und gerade durch seine gewachsene Machtstellung war er seinem Allianzpartner Pompeius zunehmend verdächtig geworden. Als Caesar daher Mitte des Jahres 50 nach Oberitalien zog, war seine Zukunft trotz seiner grandiosen Erfolge äußerst ungewiß. Wie so oft in seinem Leben bewegte er sich auf eine Entscheidung zu, in der es um alles oder nichts ging: Entweder er wurde Consul und voraussichtlich der mächtigste Mann des römischen Reiches, oder er wurde schmachvoll aus der Führungsschicht ausgestoßen und mußte sein Leben als Exilierter irgendwo im Imperium beschließen. Der Kampf zwischen Caesar und seinen Gegnern trieb auf den entscheidenden Höhepunkt zu.

V. Kein Raum für Kompromisse –
Der Ausbruch des Bürgerkriegs

Während sich Caesar 52 mit dem Vercingetorix-Aufstand herumschlug, räumte Pompeius als alleiniger Consul in Rom auf. Dazu führte er Soldaten in die Stadt, sorgte für schnelle Prozesse unter Militärschutz gegen einige Rädelsführer der Unruhen und versuchte in konventioneller Weise, das System durch neue Gesetze gegen Gewaltanwendung und unerwünschte Praktiken bei Wahlen zu befestigen. Innovativer, aber auch brisanter war das Gesetz des Pompeius über die Provinzverwaltung, das auf einem Senatsbeschluß aus dem vergangenen Jahr basierte: Um den Teufelskreis zwischen Verschuldung im Wahlkampf und Ausbeutung der Provinzen zur Sanierung der Finanzen zu durchbrechen, wurde jetzt eine fünfjährige Zwischenperiode zwischen der Praetur oder dem Consulat in Rom und der Statthalterschaft eingeführt, die es zudem – und darin steckte natürlich eine Spitze gegen Caesar – künftig ermöglichte, Magistrate nach Ablauf ihrer Amtszeit unmittelbar zur Rechenschaft zu ziehen. Das war durchaus raffiniert ausgetüftelt, hatte aber unangenehme Nebenwirkungen. So mußten zunächst einmal Altconsulare, die sich seinerzeit um die Provinzverwaltung gedrückt hatten, in die Bresche springen. Es erwischte auch Cicero, der sich frustriert auf den Weg nach Kilikien (im Süden der heutigen Türkei gelegen) machte, und Caesars alten Rivalen Bibulus, der ähnlich lustlos als Ciceros Nachbar nach Syrien ging.

Noch wesentlich gravierender waren jedoch die Implikationen für Caesar. Nach der bisherigen Rechtslage hatte der Senat vor den Consulwahlen die beiden Provinzen der künftigen Consuln festlegen müssen. In Kombination mit der im Verlängerungsgesetz von 55 enthaltenen Bestimmung, man dürfe im Senat nicht vor dem 1. März 50 über Caesars Provinzen beraten, ergab das, daß frühestens den Consuln, die Mitte 50 für 49 gewählt wurden, die gallischen Provinzen und Illyricum zugewiesen werden konnten, d. h. Caesar konnte erst im Laufe des Jahres 49 ein Nachfolger geschickt werden. Durch das Gesetz des Pompeius sah es auf einmal anders aus: Nun war es möglich, sofort nach dem 1. März 50 einen neuen Statthalter in Caesars Provinzen zu entsenden, der nur die Voraussetzung erfüllen mußte, vor 55 das Consulat bekleidet zu haben.

Daß Caesar jetzt aktiv an seiner Rückkehr in die Innenpolitik arbeitete, verdeutlicht das Privileg der 10 Volkstribune des Jahres 52, mit dem Caesar persönlich die Bewerbung in Abwesenheit gestattet wurde. Caesar hatte damit dafür gesorgt, daß er seine Amtsgewalt, die ihn gegen Strafverfolgung immunisierte, vor den Wahlen und dem Amtsantritt nicht niederlegen mußte und daß er auch nicht in eine Lage wie im Jahre 60 geraten konnte, als man ihn mit der Bewerbungspflicht um seine Aussichten auf einen Triumph gebracht hatte. Da war es schon ein starkes Stück, daß Pompeius ein Gesetz verabschieden ließ, in dem die persönliche Bewerbung wieder ganz allgemein vorgeschrieben wurde! Als die Volkstribunen ihn zur Rede stellten, weil er Caesar nicht ausgenommen hatte, tat Pompeius dies als Versehen ab und brachte einen entsprechenden Zusatz am Gesetz an, der aber natürlich keine Rechtskraft besaß.

Mit dem Jahre 52 zeichnete sich für Caesar ab, daß Pompeius sich zunehmend auf dem Weg in das andere Lager befand. Gleichzeitig rückte der Zeitpunkt der Rückkehr nach Rom näher. Der Krieg war 52/1 abgeschlossen, das Kommando lief langsam aus, und die Frage war, wie Caesar, da seine eingefleischten Gegner offenkundig sein Sündenregister nicht vergessen und vergeben hatten, in die Innenpolitik überwechseln könnte, ohne durch einen Prozeß ausgeschaltet zu werden. Man brauchte für solche Anklagen nicht unbedingt gute Gründe, da das Strafrecht in Rom mit großer Selbstverständlichkeit politisiert war, aber Caesar hatte seinen Feinden sogar beste Argumente für einen Prozeß an die Hand gegeben: Klagen wegen Gewaltanwendung und Hochverrat während seines Consulats ließen sich leicht begründen, und seine Statthalterschaft bot Anlässe für eine Klage wegen Provinzausbeutung. Im Falle der Verurteilung drohte zwar nicht der Tod, aber immerhin der politische Tod, denn die Delinquenten mußten ins Exil gehen und waren damit für die Politik gestorben. Ob es Caesar in Rom gelingen würde, das Zustandekommen eines Prozesses durch Gewalteinsatz seiner Anhänger zu verhindern oder den Ausgang durch Bestechung zu seinen Gunsten zu beeinflussen, war unsicher, zumindest seit Pompeius, dessen Kommando in Spanien 52 verlängert worden war, der sich aber weiterhin in Italien aufhielt, mit seinen Soldaten möglicherweise auf der Gegenseite stand. Caesar mußte also darauf bedacht sein, nicht ohne Amt zu sein, da dies den besten Schutz vor einer Anklage bot, oder wenigstens mit seinen Veteranen das faktische Gewaltmonopol in Rom in Händen zu halten. All seine politischen Manöver zwischen 52 und 49 liefen genau auf diese Kernziele hinaus, und die Machinationen seiner Gegner auf das Gegenteil.

In der heißen Phase der Auseinandersetzungen im Jahre 50 wurden Caesars Interessen auf das Geschickteste von dem Volkstribunen Gaius Scribonius Curio vertreten, der bisher eigentlich als der Gegenseite zugehörig galt. Sein Fall illustriert, über welches enorme Potential Caesar inzwischen verfügte. Caesar kaufte den vielversprechenden Politiker Curio ein durch die Begleichung seiner Schulden, die zweieinhalb Millionen Denare betragen haben sollen. Doch basierte diese Verbindung nicht allein auf einer Finanztransaktion: Für einen ambitionierten Mann wie Curio war es äußerst attraktiv, sich einem solch mächtigen Patron wie Caesar zu verpflichten. Man sieht hier deutlich die Gravitation der Macht, die von Caesar jetzt ausging.

Curio machte den Caesargegnern das Leben schwer. Er interzedierte nicht nur gegen alle Beschlußvorschläge, die Caesars Ablösung nähergebracht hätten, sondern er zerpflückte auch wiederholt fadenscheinige Argumente der Gegenseite. Darüber hinaus verstand er es virtuos, die Bürgerkriegsängste der Senatoren wie der Bevölkerung für sich auszuschlachten. So verfocht er immer wieder das wohlklingende Argument Caesars, wenn er sein Heer abgebe, müsse dies auch Pompeius gleichzeitig tun, und erlangte im Dezember 50 für diesen Vorschlag sogar die überwältigende Mehrheit von 370 gegen 22 Stimmen im Senat. Wäre Caesars Forderung realisiert worden, hätte dies nicht nur bedeutet, daß man Caesars auslaufender Befehlsgewalt die noch bis 48 geltende des Pompeius gleichgeschaltet hätte, sondern es hätte auch an Truppen gefehlt, um den dann mit zahllosen Veteranen zurückkehrenden Caesar daran zu hindern, seinen Willen nach Belieben durchzudrücken.

Nach dem Ablauf der Amtszeit des Curio traten zwei neue caesarische Tribunen auf den Plan, der später berühmte Marcus Antonius und Lucius Cassius Longinus. Das neue Jahr 49 begann mit der Verlesung eines Briefes von Caesar, in dem dieser die alten Forderungen präsentierte: Es stünde ihm entweder die Erlaubnis zur Bewerbung um das Consulat in Abwesenheit zu, also als Statthalter von Oberitalien aus, oder es müßten alle Truppenkommandeure abberufen werden. Darauf ging der Consul Lucius Cornelius Lentulus Crus nicht einmal ein. Statt dessen sollte Caesar nun eine Frist gesetzt werden, bis zu der er sein Heer zu entlassen habe, andernfalls er als Hochverräter behandelt werde. Dagegen interzedierten Caesars Tribune; hinter den Kulissen wurde noch fieberhaft verhandelt, und Caesar ließ sich sogar auf Illyricum und nur eine Legion herunterhandeln, worauf wohl Pompeius, nicht aber Cato eingehen wollte. Als Ausweg aus der Patt-Situation im Senat, wo man Caesars Vorschlag nicht akzeptieren wollte und Antonius und Cassius jeden anderen Vorstoß durch ihr Veto blockierten, blieb nur die Erklärung des Notstands, mit dem Pompeius und sonstige Amtsinhaber zu geeigneten Maßnahmen zum Schutze des Staates ermächtigt wurde. Antonius und Cassius, deren Immunitätsschutz im Notstand prekär war, flohen zu Caesar, der nunmehr die Verteidigung der Volkstribune und damit der ehernen Freiheitsrechte des Volkes auf seine Fahnen schreiben konnte. Caesar zog seine Konsequenzen. Am 10. Januar 49 überschritt er den sprichwörtlich gewordenen Rubico, den Grenzfluß zwischen seiner Provinz Gallia Cisalpina und Italien, und eröffnete damit den Bürgerkrieg.

Über den Ausbruch des Bürgerkrieges zwischen Caesar und seinen Gegnern, zu deren militärischem Führer Pompeius inzwischen geworden war, informieren uns die Quellen so eingehend wie wahrscheinlich über kein anderes Ereignis der Antike, und selbstverständlich sind die Quellen von der modernen Forschung immer wieder durchleuchtet und geprüft worden, zunächst einmal aus dem Bedürfnis heraus, die Kriegsschuldfrage zu klären. Dabei hat man auf seiten Caesars eine erstaunliche Fixierung auf Anerkennung konstatiert, auf die er infolge seiner Leistungen Anspruch zu haben glaubte. Diese Haltung wirkt in ihrer Ich-Bezogenheit befremdlich, entspricht aber im Grundsatz durchaus den Verhaltensnormen römischer Magnaten, wenn diese auch bei Caesar verabsolutiert und übersteigert erscheinen. Auf der Seite seiner Gegner hat man dagegen Engstirnigkeit und Kompromißlosigkeit festgestellt. Diese Diagnose ist nun unlängst dahingehend auf die Spitze getrieben worden, daß die Caesargegner den Bürgerkrieg recht bewußt vom Zaune gebrochen hätten, weil sie hoffnungslos verschuldet gewesen seien und sich nur vom Bürgerkrieg die Sanierung ihrer maroden Finanzen erhofft hätten. Diese Einschätzung verfehlt jedoch den Kern des Problems. Auch wenn man zugesteht, daß die Eskalation zum Kriege durch kurzfristige und letztlich kurzsichtige Interessen vorangetrieben wurde, steht doch im Hintergrund ein sehr grundsätzlicher Konflikt: Caesar hatte in seinem ersten Consulat 59 die für das oligarchische Regime unverzichtbaren Obstruktionsmittel zur Farce gemacht; wenn man ihm – und darum ging es in den letzten Verhandlungen – den reibungslosen Übergang in ein zweites Consulat ermöglichte, verzichtete man endgültig darauf, ihn für seine Regelverstöße zur Rechenschaft zu ziehen. Gleichzeitig konnte man damit rechnen, daß er sich als Consul 48 nicht wesentlich anders verhalten würde als seinerzeit 59, d.h. er würde erneut seine sachlichen Forderungen durchdrücken, ohne sich von verfassungsgemäß eingelegten Einsprüchen hindern zu lassen. Das bedeutete letztlich wieder die *dominatio*, die Herrschaft eines einzelnen, und da sich Caesar nach dem Ablauf des Consulats

kaum ohne ein Amt den dann möglichen Anklagen seiner
Feinde aussetzen würde, war eigentlich auch schon absehbar,
daß das nächste große Kommando folgen würde, vielleicht
gegen die Parther, vielleicht auch gegen das Dakerreich des
Burebistas, jedenfalls irgendwo, wo sich leidlich überzeugend
eine groß angelegte Militäraktion und die dazugehörige
Sonderermächtigung eines Feldherrn rechtfertigen ließ. Rom
drohte also hier der Super-Pompeius – ein Mann, der nicht
einmal wie Pompeius vorübergehend damit leben konnte, ohne Amt als formal in die Führungsgruppe integrierter Senator
zu leben, sondern ständig die Immunität des Amtes brauchte,
in dessen Wahrnehmung er fast zwangsläufig immer mächtiger werden würde. Die Senatoren, die 50/49 den unmittelbaren Übertritt Caesars von der Provinzstatthalterschaft in das
Consulat bekämpften, wollten also nicht nur eine persönliche
Rechnung begleichen oder eigene Machterweiterungschancen
nutzen, sondern sie verteidigten in der Tat ihre Republik. Daß
Caesar in den letzten Verhandlungen wiederholt von eigenen
Forderungen abrückte und neue Einigungsvorschläge unterbreitete, darf im übrigen nicht darüber hinwegtäuschen, daß
er im Kern hart blieb: Es ging ihm immer darum, eine Lösung
zu erreichen, die seinen Übertritt in die Innenpolitik und seine
Wahl zum Consul gewährleistete, ohne daß man ihm zuvor
durch einen Prozeß den politischen Garaus machen konnte.
Genau dies konnten ihm seine Gegner nicht zugestehen, wenn
sie nicht ihre Republik aufgeben wollten; insofern war zwischen den Standpunkten, die jeweils ihre Berechtigung hatten,
kein Kompromiß möglich.

Daß Pompeius nach einer längeren Phase des Schaukelns
nunmehr fest auf der Seite der Caesargegner verankert war,
war einerseits ein wesentliches Eskalationsmoment in der
Krise, da sich die Männer um Cato ohne die Machtmittel des
Pompeius im Hintergrund ihre harte Haltung wohl nicht
hätten leisten können. Andererseits verhielt sich Pompeius
durchaus konsequent im Sinne seiner Interessen. Seine Verbindung mit Caesar war ja zunächst zur Durchsetzung sehr
konkreter Ziele geknüpft worden; sie hatte dann angedauert,

da sie zur Aufrechterhaltung der caesarischen Gesetze von 59, die für Pompeius wichtig waren, weiterhin erforderlich war. Als nunmehr klar war, daß vom Senat aus keine Attacke gegen diese Gesetze, soweit sie Pompeius betrafen, zu befürchten war, war der Zusammenschluß mit Caesar für Pompeius weitgehend überflüssig geworden. Hinzu kam, daß Caesars große Erfolge in Gallien den Neid und das Mißtrauen des Pompeius hervorriefen, der es gar nicht schätzte, daß ihm hinsichtlich des militärischen Ruhms in dem einstigen Juniorpartner ein Konkurrent erwuchs. Daß sich die entschlossenen Verteidiger der Republik, die den skrupellosen Umgang mit republikanischen Instituten durch Caesars Vernichtung geraderücken wollten, und der große Pompeius, der auf eine Überführung seiner im Reich gewonnenen Sonderstellung nach Rom hinarbeitete, schließlich näherkamen und gegen Caesar zusammentaten, ist von daher nicht verwunderlich, im Gegenteil: Es ist eine bemerkenswerte Leistung Caesars gewesen, daß er diese für ihn bedrohliche Konstellation so lange verhindert hatte.

Der Bürgerkrieg, den Caesar im Januar 49 eröffnete, war schon lange als eine schreckliche Gefahr präsent gewesen. Seit Caesars Rückkehr anstand, spukte diese Möglichkeit in den Diskussionen herum, weniger in den öffentlichen als in den privaten, die wir durch die Korrespondenz Ciceros teilweise fassen können. Doch obwohl man offenbar des öfteren vom drohenden Bürgerkrieg sprach und ihn noch häufiger als Hintergrund von Überlegungen und Kalkulationen durchscheinen ließ, und obwohl man ja schließlich in den achtziger Jahren erlebt hatte, daß ein Bürgerkrieg in Rom keine rein theoretische Größe war, scheint man den Realitätsgehalt dieser schaurigen Vorstellung doch weitgehend verdrängt zu haben. Obwohl man Caesar alles Üble unterstellte, was ein Römer überhaupt an politischen und patriotischen Sünden planen konnte, scheint man merkwürdigerweise doch nicht recht daran geglaubt zu haben, er könne auch die Ungeheuerlichkeit begehen und einen Bürgerkrieg beginnen. Die Gründe für diese Schizophrenie sind sicher nicht allein in der Tatsache zu suchen, daß es bis zu einem gewissen Grade eine seelische Überlebensstrategie ist, solche Katastrophen wie einen Bürgerkrieg nicht näher in Betracht zu ziehen – den SuperGAU kann man nicht permanent zur Planungsgröße machen. Aber es kommt noch etwas anderes hinzu: Es gab in der römischen Führungsschicht ein Defizit an Fremdverstehen. Bedingt durch den eng normierten Verhaltenskodex ging man im großen Ganzen sehr schlicht davon aus, daß alle die Welt genauso sähen wie man selbst und daß dies natürlich auch die richtige Sicht sei. Daß es ein Verbrechen war, einen Bürgerkrieg gegen die legitime Staatsführung zu eröffnen, stand in der Tat fest, aber man war sich offenbar auf seiten der Caesargegner nicht hinreichend darüber im klaren, wie intensiv ein Mann wie Caesar an die Gerechtigkeit seiner Forderungen und die Rechtmäßigkeit seiner Position zu glauben in der Lage war, so daß sich aus seiner Perspektive die Regierung durch ihre 'Unrechtshaltung' entlegitimierte. Für Caesar war also die Schwelle zum Bürgerkrieg viel niedriger, als seine Gegner unbewußt voraussetzten. Sogar ein Mann wie Pompeius, der wahrlich nüchtern zu kalkulieren verstand, scheint von dieser illusionären Fixierung auf die eigene Bewertung der Rechtslage nicht frei gewesen zu sein, wie allein schon die Tatsache andeutet, daß er auf Caesars Offensive militärisch nicht vorbereitet war. Eine Episode aus dem Herbst des Jahres 51 vermag diesen Punkt noch plastischer zu illustrieren. In einer Senatssitzung wurde Pompeius unter anderem gefragt: „Was ist, wenn Caesar Consul sein und gleichzeitig das Heer behalten will?" Pompeius antwortete mit einer Gegenfrage, die für die rigoros patriarchalische römische Gesellschaft die ganze Absurdität einer solchen Vorstellung zum Ausdruck brachte: „Was ist, wenn mein Sohn mich mit einem Knüppel schlagen will?" 15 Monate später, als feststand, daß eine Consulatsbewerbung ohne vorherige Abgabe des Heeres nicht durchsetzbar war, marschierte Caesar ein.

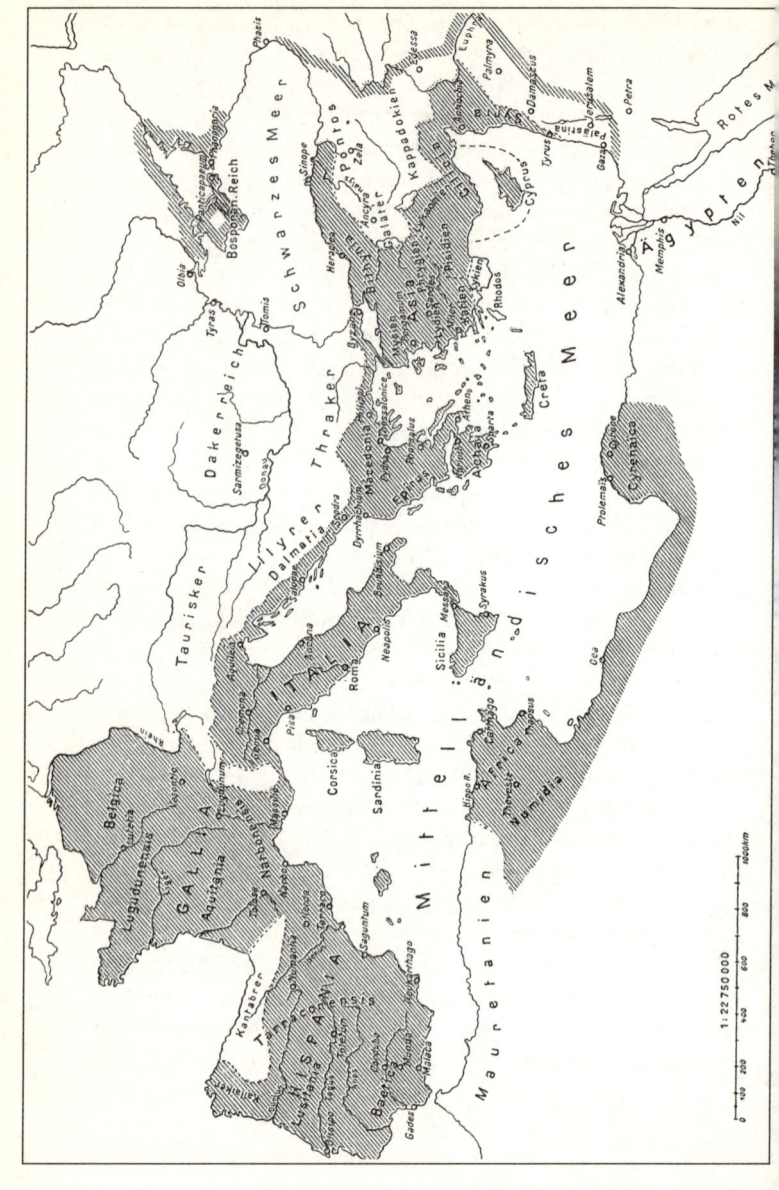

VI. Die Schwertmission – Caesars Bürgerkrieg

In Windeseile verbreitete sich die Nachricht von Caesars Einmarsch und löste in ganz Italien Panik aus. Obwohl Caesar die Hauptmacht seines Heeres noch in Gallien oder wenigstens in Norditalien stehen hatte, reichte die eine Legion in seiner Hand völlig aus, um sich zunächst einmal durchzusetzen. Die italischen Landstädte schlossen sich sofort Caesar an, die römischen Soldaten, die dort stationiert waren, liefen in großer Zahl zu ihm über. Caesars Gegner wurden trotz der vorangegangenen Planspiele von Caesars Offensive überrascht; von Pompeius, auf den sie sich völlig verlassen hatten, erwarteten sie nun die Niederwerfung des Frevlers, und als Pompeius ihnen eröffnete, daß Rom nicht zu halten war, löste diese militärtaktische Banalität bei den Senatoren Entsetzen aus, das sich in verbalen Attacken auf Pompeius entlud. Schon in den ersten Wochen des Bürgerkriegs zeigte sich, daß das Faktum, daß Caesar im wesentlichen für die Verteidigung eigener Ansprüche Krieg führte und der konkurrenzlose Führer seiner Parteiung war, in den Kämpfen ein großer Vorteil war. Pompeius, der auf der Seite der Consuln und der meisten Magistrate stand und nicht die Kampfhandlungen eröffnet hatte, tat sich zwar ideologisch nach außen hin erheblich leichter, bezahlte aber diesen Legitimitätsvorsprung mit den ständigen Quertreibereien und Profilierungsaktionen der hohen Herren in seinem Lager, die seine Stellung zum Teil desavouierten.

Caesars Angriff zog eine Massenflucht aus Rom nach sich. Alles, was Rang und Namen hatte, versuchte sich vor dem von Norden heranziehenden Rebellen in Sicherheit zu bringen. Pompeius hatte die Devise ausgegeben, daß sich alle anständigen Senatoren nach Süditalien zu begeben hätten. Man rechnete fest damit, daß Caesar sich so verhalten werde wie einstmals Sulla, daß er also unter denen, die er für seine Feinde hielt, ein Blutbad anrichten werde. In der Aufregung ließen die Consuln sogar den Staatsschatz in Rom zurück, den man für die Kriegführung wahrlich gut hätte gebrauchen können; zu ihrer Entschuldigung ist allerdings anzumerken, daß man in Zeiten, in denen Geld nur aus Edelmetall bestand, große Summen nicht einfach in ein paar Koffern abtransportieren konnte, sondern einen Konvoi von Lasteseln benötigte, die erst einmal besorgt und beladen werden mußten und die zudem nur langsam vorankamen. Dennoch: Daß man dafür keine Zeit zu haben glaubte, war ein Symptom von Panik.

Als klar wurde, daß Pompeius Italien verlassen und die Machtmittel der östlichen Reichshälfte gegen Caesar mobilisieren würde, war das für viele der beteiligten Senatoren eine weitere Katastrophe. Wo waren denn die Legionen, die, wie Pompeius vollmundig versprochen hatte, überall aus dem Boden schießen würden, wenn er nur mit dem Fuß aufstampfte? In völliger Verkennung der militärischen Realitäten hatten die Caesargegner offenbar noch gehofft, man werde Caesar in Italien aufhalten können und im Sommer schon wieder die Annehmlichkeiten der reizenden Badeörtchen am Golf von Neapel genießen können. Statt dessen stand nun ein langjähriger Krieg ins Haus, den man fern der Heimat vorzubereiten und zu führen hatte und für den man völlig auf Pompeius, den großen Patron des Ostens, angewiesen war. Dennoch setzten immerhin noch etwa 200 desillusionierte Senatoren mit Pompeius über die Adria.

Besonders furchteinflößend war bei Caesars Kriegführung seine geradezu sprichwörtliche *celeritas*, die Schnelligkeit, mit der er seine Entscheidungen traf und in die Tat umsetzte und mit der er seine Truppenbewegungen organisierte. Wie wir schon gesehen haben, beschränkte sich dieses außerordentliche Leistungsvermögen nicht auf militärische Aktionen. Leistung wird gern als Arbeit im Verhältnis zur benötigten Zeit definiert; in dieser Hinsicht war Caesar tatsächlich eine ganz herausragende Erscheinung. 49 hatte er sich fast unmittelbar nach dem Eintreffen der Nachricht, daß in Rom der Notstand verhängt worden sei, dazu entschlossen, selbst die Initiative zu ergreifen, und dadurch sogar die wenigen Realisten in Rom überrascht. Sein Vormarsch lebte davon, daß er überall schneller auftauchte, als man mit ihm gerechnet hatte, und so konnte er Italien weitgehend kampflos an sich bringen und sogar noch Truppenverbände abfangen, die die Pompeianer, wie man seine Bürgerkriegsgegner vor allem in der Moderne zu nennen pflegt, ausgehoben hatten. Zielstrebig bemühte er sich, den Bürgerkrieg schnell zu seinen Gunsten zu entscheiden, und dies konnte nur gelingen, wenn er Pompeius in die Hände bekam. Doch trotz aller Eilmärsche kam er zu spät nach Brundisium (Brindisi), um Pompeius und dessen Anhänger an der Überfahrt zu hindern. In Ermangelung von Transportschiffen mußte er dieses vorläufige Ergebnis akzeptieren und zog nach Rom, um die Hauptstadt in Besitz zu nehmen.

Was die Überzeugungskraft seiner Kriegsgründe anging, war er allerdings zunächst einmal klar unterlegen. Für die römischen Oberschichten war es geradezu schockierend, daß Caesar gegen die legitime Spitze des Staates marschierte, und seine Bemühungen, die Verteidigung der Tribunenfreiheit, die ungerechtfertigte Kränkung eines verdienten Feldherrn und die Beherrschung des Senats durch eine kleine Clique von Feinden zu einleuchtenden Motiven für einen Bürgerkrieg aufzubauschen, konnten daran im Kern nichts ändern. Dennoch zeigte die Propaganda, die Caesar in unzähligen Briefen und Reden und später noch in Kommentarien über den Bürgerkrieg entfaltete, ihre Wirkung. In Zeiten, in denen eine überlegene Macht mit dem Schwert in der Hand Rechtsfragen diskutieren will, erzeugt der Überlebensinstinkt der Bedrohten einen starken Anpassungssog, und so trafen Caesars immer wieder eingehämmerte Argumente auf eine große Bereitschaft, sie als präsentable Bemäntelung der eigenen Kollaboration zu akzeptieren. Die Angehörigen der italischen Oberschichten, auf die es vor allem ankam, entwickelten schnell die typische Zerrissenheit der Bürger eines autoritären Regimes, die sich anstrengen, die offiziellen Parolen zu glauben, und in einer tieferen Bewußtseinsschicht doch nicht überzeugt sind.

Caesar erleichterte den römischen Magnaten aber noch auf einem anderen Wege das Stillhalten. Während die Pompeianer gleich zu Beginn des Krieges verkündet hatten, jeder anständige Bürger habe sich, da sie ja schließlich den römischen Staat gegen einen rebellischen Statthalter verteidigen müßten, auf ihrer Seite aktiv zu engagieren, andernfalls er als Feind betrachtet werde, propagierte Caesar, daß dies eine Auseinandersetzung zwischen ihm und seinen Gegnern sei, aus der sich die Bürger heraushalten sollten. Beide Positionen ergaben sich konsequent aus den jeweiligen Kriegsgründen, doch überforderte die pompeianische Maxime „Wer nicht für mich ist, ist gegen mich" in der momentanen Lage die Römer Italiens, während Caesars Neutralitätsangebot dem verständlichen Sicherheitsbedürfnis entgegenkam. Die Schwäche der caesarischen Kriegsgründe schlug dadurch in eine Qualität um. Caesar befestigte diese Grundstimmung, sich lieber zurückzuziehen als wenig aussichtsreichen Widerstand zu leisten oder mit den Pompeianern in eine ungewisse Zukunft zu fliehen, noch durch einen ostentativen Akt: Als ihm in Corfinium sein alter Feind Lucius Domitius Ahenobarbus in die Hände fiel, ließ er ihn wieder frei, woraufhin dieser sich ins Lager des Pompeius begab und weiter gegen Caesar kämpfte. Mit der *clementia Corfiniensis*, der Milde von Corfinium, stellte Caesar unter Beweis, daß er nicht wie Sulla gnadenlos wüten, sondern nur das erzwingen wollte, was ihm zustand: die Anerkennung seiner großen Taten in Form einer ehrenvollen Stellung in Rom. Vor die Alternative gestellt, diese Propaganda zu akzeptieren oder die Mühen und Gefahren eines langen Krieges auf sich zu nehmen, entschieden sich viele Angehörige der Führungsschichten für den bequemeren Weg.

In Rom angekommen versuchte Caesar, über seine Neutralitätsangebote hinauszugehen und den dort versammelten Rumpfsenat zu dem Bekenntnis zu bewegen, die Staatsgeschäfte nun mit ihm gemeinsam führen zu wollen. Dies mißlang, nicht einmal eine Friedensgesandtschaft an Pompeius kam zustande, und Caesar äußerte: Wenn ihr nicht mitzieht, werde ich den Staat allein verwalten. Im Bürgerkrieg bekannte sich Caesar nunmehr deutlich zu einer Haltung, die er ansatzweise auch schon 59 an den Tag gelegt hatte: Er gab jedermann die Chance, seinen Plänen zuzustimmen, ließ sich aber durch Ablehnung nicht beeinflussen.

Nachdem ihm der Senat eine solche Enttäuschung bereitet hatte, ließ Caesar die Maske staatsrechtlicher Korrektheit fallen und überschritt die Stadtgrenze, um den Staatsschatz an sich zu bringen. Damit war seine statthalterliche Befehlsgewalt eigentlich erloschen, doch scherte sich Caesar nun nicht mehr um solche Formalia. Noch schlimmer aber für die Stimmung in Rom war Caesars Vorgehen gegen den Volkstribunen Lucius Metellus, der den Zugang zur Staatskasse mit seinem Körper deckte: Caesar brachte ihn durch Gewaltandrohungen dazu, den Weg freizugeben, d.h. er sprang mit den geheiligten Rechten der Volkstribune genauso um, wie er es seinen Gegnern vorgeworfen hatte. Als Caesar nach Spanien abzog, war seine Popularität in Rom auf dem Tiefstand angekommen.

Daß Caesar sich nach Spanien wandte, wo sieben Legionen unter drei Legaten des Pompeius standen, war sicher nicht nur dadurch bedingt, daß ihm die Schiffe fehlten, um Pompeius über das Meer nach Griechenland zu folgen. Er wollte auch die einzige große und intakte Armee seiner Gegner nicht in seinem Rücken zurücklassen, mußte er doch befürchten, daß dieses Heer in seiner Abwesenheit nach Italien marschieren und damit das Kernland des Reiches wieder für die Pompeianer gewinnen würde. In Spanien gelang Caesar ein militärisches Meisterstück. In nur 40 Tagen hatte er die von Pompeius' Vertrauten Lucius Afranius und Marcus Petreius kommandierten fünf Legionen so ausmanövriert, daß sie bei Ilerda kapitulieren mußten, und die unter dem berühmten Universalgelehrten Marcus Terentius Varro verbliebene Restarmee lief bald danach zu ihm über. Caesar ordnete kurz die Provinzen, verteilte Belohnungen und Bestrafungen, erhob Kontributionen, entließ die gegnerischen Soldaten, soweit sie nicht in sein Heer eintreten wollten, und bestellte eigene Statthalter. Als er aber nach Norditalien zurückkam, wurde er mit einer Krise konfrontiert, die für ihn ungewohnt und gleichzeitig existentiell war: die Meuterei von Placentia.

Die römische Armee hatte sich von einer Bürgermiliz, die ihr Vaterland verteidigte und vergrößerte, allmählich in eine Erwerbsgemeinschaft mit professionellen Zügen gewandelt. Für die Soldaten der nachsullanischen Republik war der Kriegsdienst zumeist ihr einziger Lebensunterhalt, und entsprechend ausgeprägt waren ihre materiellen Interessen. Die gegenseitige Abhängigkeit, die zwischen Feldherrn und ihren Heeren besteht, wurde in Bürgerkriegszeiten stark zu Lasten des Feldherrn verschoben. Die Soldaten kämpften ja nicht mehr gegen auswärtige Feinde, sondern gegen Mitbürger, und da das Überlaufen stets als Übertritt auf die Seite des Rechts verkauft werden konnte und oft besonders belohnt wurde, konnten sie leicht, häufig sogar sehr zu ihrem Vorteil die Seite wechseln oder sich ganz aus dem Konflikt zurückziehen. Der Feldherr dagegen war zum Durchhalten verdammt, er konnte nur siegen oder untergehen. In dieser Lage wuchsen die Druckmittel der Soldaten, und von denen machte nun vor allem die 9. Legion Gebrauch. Von ihr aus verbreiteten sich Vorwürfe gegen Caesar: Er ziehe den Krieg unnötig in die Länge, um die versprochenen Belohnungen nicht auszahlen zu müssen, und zu plündern gebe es auch nichts. Caesar reagierte mit Härte. Er kündigte der 9. Legion die *decimatio* an, eine traditionelle römische Disziplinarmaßnahme von gnadenloser Brutalität, bei der jeder zehnte Soldat ohne Prüfung seiner persönlichen Schuld einfach nach Losentscheid hingerichtet wurde. Die verbleibenden Mitglieder der 9. Legion wollte Caesar entlassen. Als er damit klar gemacht hatte, daß er sich keine höheren Zuwendungen abpressen ließ, waren die Meuterer mit ihrem eigentlichen Anliegen gescheitert und bestürmten Caesar nun mit der Bitte, weiter Dienst tun zu dürfen. Caesar gab dem statt, ließ sich auch in Bezug auf die Strafe herunterhandeln, bestand aber auf der Durchführung der *decimatio* unter 120 Rädelsführern und ließ die 12 Todesurteile unerbittlich vollstrecken.

Caesar hatte es verstanden, die Krise zu überwinden, und dabei eine ungeheure Kaltblütigkeit an den Tag gelegt. Selbstverständlich brauchte er jeden Soldaten, und so war die Entlassungsdrohung eigentlich ein Bluff. Doch wußte er auch, daß er sich völlig an die Stimmungen und Profitinteressen seiner Truppen ausgeliefert hätte, wenn er sich als erpreßbar erwiesen hätte. Wie schon in Gallien hatte Caesar auch bei Placentia das richtige Gespür dafür, wie die altgedienten Haudegen zu packen waren, und dieses Gespür verließ ihn auch im Laufe des Krieges nicht. Daß Caesars Heer allen anderen an Kampfkraft, Disziplin und Verläßlichkeit überlegen war, hat wesentlich mit seinem Geschick in der Truppenführung zu tun, aber darüber hinaus natürlich auch mit der unvergleichlichen Kampfeserfahrung, die seine Soldaten in den gallischen Feldzügen gesammelt hatten, und mit den hohen materiellen Zuwendungen, die er ihnen immer wieder zukommen ließ.

Caesar wandte sich dann nach Rom, wo er vom Praetor Marcus Aemilius Lepidus nach der Verabschiedung eines entsprechenden Volksgesetzes zum Dictator ernannt wurde. Die Dictatur war in der frühen und mittleren Republik die römische Ausnahmegewalt gewesen, auf die man nicht selten zurückgegriffen hatte. Ursprünglich nur zur Bewältigung von militärischen Krisen, später auch zur Durchführung von kleineren inneren Staatsaufgaben wie etwa zur Abhaltung von Wahlen ernannte einer der Consuln nach einem vorangehenden Senatsbeschluß einen Dictator, der eine Kommandobefugnis gegenüber allen anderen Magistraten besaß. Der Dictator seinerseits bestellte sofort einen *magister equitum*, einen Reiterführer, der ihm aber eindeutig untergeordnet war, und blieb im Amt, bis er seine Aufgabe erfüllt hatte, längstens aber sechs Monate. Da die Beschränkung der Amtszeit auf ein halbes Jahr im Zeitalter der überseeischen Kriege nicht mehr sehr praktisch war und sich gleichzeitig die Kontrollprobleme verschärften, kam das Amt nach dem 2. Punischen Krieg (218–201) außer Gebrauch, bis es Sulla 120 Jahre später wieder aus der Versenkung holte. Sullas Dictatur stellte allerdings eine strukturelle Veränderung gegenüber der altrömischen dar, da mit der neuartigen Kompetenzbezeichnung „zum Abfassen von Gesetzen und zur Befestigung des Staates" die

Aufhebung der alten Zeitgrenze von sechs Monaten einherging. Daß Sulla überhaupt zurücktrat, war eigentlich eine Sensation. Jedenfalls mußte jede Dictatur nunmehr die Assoziation an die sullanische Gewaltherrschaft wecken. Caesar begab sich also mit diesem Schritt auf ein reichlich belastetes Terrain.

Doch gab es keinen anderen Weg, mit wenigstens leidlich regelgerechten Mitteln ins Consulat zu kommen und so einerseits das Ziel zu erreichen, um das es ja schließlich bei den Auseinandersetzungen vor Ausbruch des Krieges gegangen war, andererseits sein staatsrechtliches Defizit gegenüber den Pompeianern endlich zu überwinden. Für den Umgang mit allen Instanzen des römischen Reiches war es ein immenser Vorteil, wenn er als römischer Consul den pflichtschuldigen Gehorsam einfordern konnte, statt als aufständischer Statthalter gegen die im anderen Lager stehenden Consuln anargumentieren zu müssen. Da nun aber eine Consulwahl nur von einem Consul oder aber von einem Dictator durchgeführt werden konnte und sich die Consuln von 49 als exponierte Caesargegner in Griechenland betätigten, führte der Weg ins Amt nur über die Dictatur. Daß man auch für die Ernennung eines Dictators eigentlich einen Consul brauchte, wog demgegenüber nicht so schwer und ließ sich über eine Ausnahmegenehmigung des Volkes leidlich abfedern.

In dieser seiner ersten Dictatur hielt Caesar dann vor allem die Wahlen ab, wobei er selbst neben Publius Servilius Isauricus, dem Sohn seines Mitbewerbers um das Oberpontifikat im Jahre 63, Consul wurde. Die übrigen Ämter wurden natürlich mit eigenen Parteigängern besetzt, auch freigewordene Priesterstellen wurden jetzt gefüllt. Außerdem unternahm Caesar etwas zur Linderung der Schuldenproblematik, die sich in den unsicheren Bürgerkriegszeiten, in denen ungern geliehen und gestundet wurde und Außenstände vermehrt eingetrieben wurden, bedrohlich verschärft hatte. Des weiteren sorgte er endlich für die Rückkehr der Proskribiertensöhne, für die er sich schon zu Anfang seiner Laufbahn eingesetzt hatte. Nach nur elf Tagen Amtszeit legte er die Dictatur nieder und eilte nach Brundisium, wo sein Heer von 12 Legionen schon auf die Fahrt nach Griechenland wartete.

Die Pompeianer hatten sich in den zurückliegenden Monaten den gesamten Osten des römischen Reiches angeeignet und dort eine große Armee zusammengezogen, außerdem beherrschten sie Nordafrica, wo Caesars Kommandeur Curio samt seinen Truppen untergegangen war. Die Überlegenheit der Pompeianer zur See hatte sich eher noch verstärkt; sie dominierten die Adria und suchten auch Italien mit gelegentlichen Überfällen heim. Caesar gelang es dennoch, Anfang des Jahres 48 mit ca. 20.000 Mann die Adria zu überqueren und unbemerkt in Epirus zu landen. Dort konnte er gleich einige Städte bewegen, sich ihm anzuschließen, doch kontrollierte Caesars Erzfeind Bibulus, der Admiral der pompeianischen Flotte, nun effizienter die Adria, so daß sich die Ankunft der nächsten Abteilung verzögerte.

In diesen Tagen soll sich Caesar, um nun endlich die dringend benötigten Verstärkungen für den Krieg gegen Pompeius herüberzuschaffen, in Verkleidung mit nur wenigen Gefolgsleuten an Bord eines kleinen Schiffes begeben haben, das ihn noch einmal nach Italien zurückbringen sollte. In schwerer See wollte der Kapitän das Unternehmen schon abbrechen, als sich Caesar zu erkennen gab und ihn zu einem weiteren Versuch ermutigte mit der Äußerung: „Du fährst Caesar und sein Glück!" Doch auch dies half am Ende nichts, unverrichteter Dinge mußte Caesar umkehren.

Auch wenn man zugestehen muß, daß diese Anekdote, die nur in den späteren Quellen berichtet wird, nicht über jeden Zweifel erhaben ist, wirft sie doch ein bezeichnendes Licht auf Caesar. Sein außerordentliches Selbstbewußtsein und das feste Vertrauen auf sein Glück sind hier in besonderer Weise verdichtet. Dem modernen Betrachter offenbart sich eine Persönlichkeit, die so fest an sich glaubte, daß sie in der Lage war, zwar nicht sinnlose, aber unvernünftige Risiken einzugehen. Caesar war sicherlich überwiegend ein Mann der nüchternen Kalkulation, aber er war daneben auch eine Spielernatur. Ein weiteres Diktum Caesars, das mit großer Sicherheit auf den Augenzeugen und späteren Geschichtsschreiber Gaius Asinius Pollio zurückzuführen ist und daher als verläßlich gelten kann, vermag diese Einschätzung zu untermauern. Als Caesar seinerzeit den Rubico überquerte, soll er seinen Lieblingsdichter Menander – natürlich auf griechisch – zitiert haben: „Der Würfel soll geworfen sein!" Nebenbei bemerkt steckt in der noch heute geläufigen Fassung des Ausspruchs: „Der Würfel ist gefallen!" eine ganz wesentliche Akzentverschiebung: Caesar brachte bei der Überschreitung des Rubico zum Ausdruck, daß er nun ein Spiel begann, dessen Ausgang ungewiß war, nicht daß er eine irreversible Entscheidung getroffen hatte. Diese Bereitschaft, sich auf ein riskantes Spiel einzulassen, hing zweifellos aufs engste mit der Überzeugung zusammen, vom Glück gesegnet zu sein. Wer ständig Glück hat, kann Glücksspiele mit hohem Einsatz wagen, und der Krieg war für Caesar, wie er immer wieder betonte, wesentlich eine Sache des Glücks.

Kurz nach dem gescheiterten Überquerungsversuch gelangte ein Brief Caesars hinüber mit der dringlichen Aufforderung an seine Legaten Marcus Antonius und Quintus Fufius Calenus, so bald wie möglich mit den Truppen überzusetzen, und im April war es soweit. Es hatte also am Ende auch ohne Caesars persönliches Eingreifen geklappt, sein Wagnis war letztlich überflüssig gewesen. Caesar verfügte nun über etwa 34 000 Mann und konnte damit beginnen, Pompeius unter Druck zu setzen, auch wenn ihm dieser an Truppenstärke weit überlegen war. Er bemühte sich, seinen Gegner bei Dyrrhachium (Durazzo) trotz wenig vorteilhafter Stellung einzuschließen, doch machte Pompeius einen Ausfall mit dem Ergebnis, daß sich Caesars Truppen zur Flucht wenden mußten. In übergroßer Vorsicht verzichtete Pompeius auf eine energische Verfolgung. Caesar kommentierte: „Heute wäre der Sieg bei den Feinden gewesen, wenn sie einen Sieger hätten".

Pompeius war durch den Sieg paradoxerweise unter Druck geraten. Nun glaubten die Lehnstuhlstrategen in seinem Lager, Caesar sei am Ende und man müsse ihm nur noch den Todesstoß versetzen. Daß Pompeius weiter zurückhaltend agierte, betrachteten sie als eine Hinhaltetaktik aus eigensüchtigen Motiven: Pompeius zögere den Krieg nur hinaus, um sein umfassendes Kommando zu verlängern. So trieben sie Pompeius bei Pharsalos in Thessalien in die Entscheidungsschlacht. Er mußte sie schlagen, weil seine Senatoren mit ihren kleinkarierten Streitigkeiten und großsprecherischen Ankündigungen für die Zeit nach dem Sieg, mit ihrem blanken Unverständnis und ihrer ätzenden Kritik dabei waren, die für eine Ermattungsstrategie nötige Disziplin der ganzen Armee zu unterminieren. In der Schlacht siegte Caesar, obwohl er zahlenmäßig unterlegen war und Pompeius seine Schlachtreihen durchaus geschickt aufgebaut hatte. Letztlich war es die unvergleichliche Kampfkraft der gallischen Legionen, die den Ausschlag gab. In wilder Flucht löste sich die gegnerische Armee auf, einige Prominente fielen, andere machten danach ihren Frieden mit Caesar oder zogen sich wenigstens aus dem Krieg zurück, ein harter Kern wollte den Kampf aber fortsetzen und schlug sich nach Nordafrica durch, das nun das neue Sammelgebiet der Pompeianer wurde. Pompeius selbst floh nach Kleinasien und segelte von dort aus nach Ägypten. Caesar nahm, getreu seiner alten Strategie, die Verfolgung des Pompeius auf.

Als Caesar Anfang Oktober mit nur 3200 Legionaren und 800 Reitern auf 35 Schiffen vor Alexandria anlangte, erfuhr er, daß Pompeius nicht mehr am Leben war. Um jeden denkbaren Zweifel an dieser Nachricht auszuräumen, brachte man Caesar nicht nur den Siegelring, sondern auch gleich den Kopf des Pompeius. Caesar soll in Tränen ausgebrochen sein, sicher nicht nur wegen des wahrlich grausigen Beweisstücks, das er beerdigen ließ. Zweifellos rührte ihn das traurige Ende seines ehemaligen Schwiegersohns, der einmal der größte Mann der römischen Welt gewesen war. Pompeius hatte sich nach der verheerenden Niederlage nach Ägypten geflüchtet, wo er die Gegenleistungen für seine Wohltaten einzufordern hoffte, und war als Verlierer, der nach dem Kalkül der ptolemäischen Hofkamerilla dem Arrangement mit dem Sieger Caesar nur im Wege gestanden hätte, kaltblütig ermordet worden. Dieser tiefe Sturz bot Anlaß genug für Reflexionen über die Wechsel-fälle des Glücks; aber Caesar hatte noch einen anderen Grund, unglücklich zu sein. Bisher hatte er es stets darauf an-gelegt, Pompeius zu stellen: Auch nach Pharsalos war er ihm hinterhergezogen und nicht etwa dem Gros der gegnerischen Führungskräfte, die sich auf Korkyra (Korfu) und in Patrai (Patras) mit den Resten der Armee sammelten. Hätte er Pom-peius in Ägypten in die Hände zu bekommen, hätte er ihn ja nicht einfach umbringen können, wenn er nicht seine ganze Propaganda der Milde ruinieren wollte. Caesar hätte sich nur mit Pompeius einigen können, wobei er allerdings weitgehend die Bedingungen diktiert hätte, und er hätte damit in der rö-mischen Welt noch besser dagestanden, die Partei seiner Geg-ner wäre zweifellos noch weiter geschrumpft und stärker iso-liert worden. Das war nun vorbei. Statt einem bekehrten Mitstreiter hatte er nun einen Toten, für dessen Ende er zwar nicht direkt, aber doch indirekt verantwortlich gemacht wer-den konnte.

Die Konsequenzen der Schlacht bei Pharsalos waren also in vielerlei Hinsicht einschneidend. Über das schon Genannte hinaus ist zu ergänzen, daß auf die Siegesnachricht hin in Rom weitreichende Ehrungen und Vollmachten für Caesar beschlossen wurden, unter denen die Ernennung zum Dictator für ein Jahr und ein allgemeiner Kriegführungsauftrag die wichtigsten waren. Der gesamte Osten des Reiches machte seinen Frieden mit Caesar und beeilte sich, den Makel der vorherigen Kooperation mit den Pompeianern durch willfäh-rige Unterstützung des neuen Siegers zu kompensieren.

Wie Caesar selber schreibt, verließ er sich auf die insgesamt ja sehr große psychologische Wirkung des Sieges von Phars-alos, als er in Alexandria an Land ging, obwohl er nur über schwache militärische Kräfte verfügte und sich sein un-mittelbares Anliegen in Ägypten eigentlich erledigt hatte; wie er nun schmerzlich zu spüren bekam, reichte sein Nimbus aber nicht aus, um dort widerspruchslose Anpassung zu er-zwingen. Schon als er mit seinen Liktoren, den Amtsdienern des römischen Consuls, die ihm mit 12 Rutenbündeln vorangingen, in die Stadt einzog, erkannten die empfindlichen Alexandriner darin einen Akt römischer Arroganz, denn formal war Ägypten nach wie vor eine unabhängige Monarchie, so daß römische Magistrate sein Territorium nicht mit Herrschaftszeichen zu betreten hatten. Die Mißbilligung entlud sich in Gewalttaten, und einige Soldaten Caesars kamen dabei ums Leben.

Daß sich Caesar überhaupt in Ägypten aufhielt und sich nunmehr im Palastviertel einnistete, war für den Hof wie für die Bevölkerung ein schwerer Schlag. Die Ermordung des Pompeius war ja veranlaßt worden, um Caesar sofort wieder loszuwerden; statt dessen hatte man nun doch die Laus im Pelz. Caesar forderte jetzt die Auszahlung von Summen, die ihm Ptolemaios XII. 59 in Rom für seine Anerkennung durch die Römer versprochen hatte. Daß man in Alexandria darüber nicht gerade begeistert sein würde, hatte Caesar sicherlich einkalkuliert, zumal 10 Millionen Denare wahrlich keine Kleinigkeit waren. Doch hatte sich Caesar wohl kaum ausgemalt, daß er sich damit in eine Überlebenskrise hineinmanövrieren würde.

Caesars Aufenthalt in Ägypten mit dem sich bald entspinnenden Alexandrinischen Krieg bietet die größte Kette von politischen Fehlern, die Caesar im Laufe seiner Karriere je gemacht hat. Während er sonst mit geradezu traumwandlerischer Sicherheit seine Partner und Gegner einzuschätzen wußte, benahm er sich in Alexandria wie ein Elefant im Porzellanladen. Die Lage in Ägypten war ausgesprochen kompliziert, und Caesar, der normalerweise sorgfältig recherchierte und in seiner Kanzlei sogar Personendaten archivierte, war seltsam uninformiert und blauäugig. Das begann mit dem erwähnten Auftritt seiner Liktoren und setzte sich fort mit Caesars ungeschicktem Eingreifen in den ägyptischen Thronstreit.

Nachdem Ptolemaios XII. 51 gestorben war, hatten seinen Verfügungen gemäß seine Kinder Ptolemaios XIII. und Kleopatra VII. die Nachfolge angetreten, die nach gut ägyptischem Brauch in Geschwisterehe verbunden waren. Nach einer

Samtherrschaft voller Zank und Intrigen war Kleopatra wohl im Herbst 49 vertrieben worden. Caesar hielt es nun in seinem Bemühen, sich aus seiner prekären Lage zu befreien, für eine gute Idee, sich als Consul des römischen Volkes, dem Ptolemaios XII. die Aufsicht über die Einhaltung seines Testaments zugesprochen hatte, zum Schiedsrichter in den Thronstreitigkeiten aufzuschwingen und die verfeindeten Geschwister zu sich zu bestellen. Kleopatra war bereit, darauf einzugehen, bat aber um eine persönliche Unterredung, ließ sich – so die romanhafte Ausgestaltung bei Plutarch – in einem Sack heimlich in den Palast transportieren und stand plötzlich vor Caesar. Als ihr Bruder Ptolemaios XIII. am nächsten Tag zum Schlichtungstermin erschien und seine Schwester überraschend schon bei Caesar sah, rief er, er sei verraten worden, und stürzte sich in die Menge, wobei er sich das Diadem, die hellenistische Königsbinde, vom Kopf riß. Diese theatralische Inszenierung von beachtlichem Geschick schürte den Unmut der Bevölkerung, und Caesars Soldaten konnten gerade noch den jungen König in ihre Hände bringen, als der Sturm losbrach und man sich schnellstens in den Palast zurückflüchten mußte. Caesar sorgte nun noch einmal für eine gewisse Beruhigung, indem er beide Geschwister zu Herrschern erklärte. Doch der Eunuch Potheinos, der als Betreuer des erst 13-jährigen Königs um seine Stellung fürchtete, rief den General Achillas mit seinen Truppen herbei, und der Alexandrinische Krieg begann, im Verlaufe dessen Caesar sogar einmal um sein Leben schwimmen mußte, als die Römer bei Kämpfen im großen Hafen zurückgeschlagen wurden.

Caesars Einmischung in den Thronstreit war insgesamt ein Desaster. Er hatte den Konflikt wieder ägyptisieren und sich selbst aus der Schußlinie bringen wollen, doch statt dessen bewirkte er eine weitere Eskalation der Feindseligkeiten gegen seine Person. Er hatte offenbar nicht gewußt, wie unbeliebt Kleopatra im Lande war; sie besaß weder bei Hofe, noch bei den Alexandrinern, noch in Form einer Armee nennenswerten Anhang. Caesars Versuch, sie ins Spiel zu bringen, bewirkte daher nur, daß er die Front der Gegner zusammenschweißte.

Nun war Kleopatra zweifellos eine äußerst reizvolle Frau, und bekanntermaßen begannen sie und Caesar eine Liebesaffäre, so daß es in der Antike wie in der Moderne nahelag, Caesars politischen Fehlgriff auf eine gefühlsbedingte Kurzsichtigkeit zurückzuführen. Doch ist diese Erklärung nicht sehr überzeugend. Schon bevor er Kleopatra zum ersten Mal sah, spielte er die Karte des Schlichters aus, und ehe er noch erklärt hatte, welche Lösung er vorschlagen wollte, setzte ihn Ptolemaios schon in das Licht des Falschspielers, der Kleopatra ungerechterweise bevorzuge. Danach konnte Caesar sie nicht mehr fallen lassen, ohne seinen Ruf als konsequenter Repräsentant des römischen Staates und großer Patron zu beschädigen, zudem hätte ihm das wohl auch gar keinen Vertrauensgewinn mehr eingebracht. Hinzu kommt aber noch, daß es für einen römischen Adligen nicht sehr nahe lag, sich in der Politik von einer Liebesbeziehung steuern zu lassen. Diese hohen Herren heirateten häufig und trennten sich schnell, sie gingen, wenn sie denn wollten, zahllose Liebschaften ein, sie konnten sich, wenn sie Wert darauf legten, für zusätzliche sexuelle Genüsse Sklavinnen halten. Caesar galt im übrigen geradezu als ein Don Juan, der beispielsweise mit Servilia, der Mutter des Brutus und der Halbschwester Catos, über lange Jahre ein Verhältnis hatte. Nun schließt die Tatsache, daß die Männer der römischen Gesellschaft ihren erotischen Appetit recht leicht und vielfältig befriedigen konnten, natürlich nicht aus, daß sie einer Frau so verfielen, daß sie selbst die Politik, ihren Lebenszweck, hintenanstellten, doch sehr wahrscheinlich ist das nicht. Aber wie dem auch sei: Festzuhalten bleibt, daß sich Caesar hier kräftig verkalkulierte.

Die Rettung brachte ein Entsatzheer, das Caesars Vertrauter Mithradates von Pergamon in Kleinasien und Syrien gesammelt hatte. Ein großes Kontingent zu diesem Heer stellten die Juden ab, was Caesar ihnen nie vergaß und mit wesentlichen Privilegien vergalt, die von Augustus und späteren Kaisern bestätigt und ausgeweitet wurden und den Juden die weitgehende Tolerierung ihrer Lebensweise im römischen Imperium garantierten. Der junge König Ptolemaios XIII., den

Caesar zwischenzeitlich freigelassen hatte, fiel in den Kämpfen, so daß der Weg frei war für die unstrittige Inthronisation Kleopatras, der pro forma ein noch jüngerer Bruder als Prinzgemahl an die Seite gestellt wurde. Caesar unternahm dann mit Kleopatra noch eine Nilreise, obwohl es an allen Ecken des Reiches brannte. Sicherlich hat er das Zusammensein mit der schönen und intelligenten Königin genossen, doch es kam wohl auch darauf an, ihre Herrschaft zu konsolidieren und die dringend benötigten Finanzmittel zusammenzutragen, deretwegen er ja schließlich all diese Abenteuer auf sich genommen hatte.

Im Frühjahr 47 segelte Caesar nach Syrien, denn bevor er sich um das inzwischen in Italien herrschende Chaos und die in Africa erstarkten Pompeianer kümmern konnte, mußte er zunächst einmal einen frechen Kriegsgewinnler in die Schranken weisen. Pharnakes, der Sohn des alten Romfeindes Mithradates von Pontos und Herrscher des Bosporanischen Reiches, hatte sich die Schwächung der römischen Autorität durch den Bürgerkrieg und die Bindung Caesars in Ägypten zunutze gemacht und war in die römischen Provinzen Kleinasiens eingefallen, wobei er bei Nikaia ein römisches Heer besiegt hatte. Caesar zog gegen Pharnakes und schlug ihn bei Zela (in Kappadokien) vernichtend. Nach dieser Schlacht prägte er das berühmte Wort: *veni, vidi, vici* (ich kam, ich sah, ich siegte).

Nun mußte Caesar aber schnellstens nach Italien, denn dort brannte es lichterloh. Schon 48 hatten unzufriedene Anhänger und alte Gegner in Rom und Italien Caesars Schuldenregelungen attackiert und mit der Forderung nach einem Schuldenerlaß die Verzweifelten angezogen, doch waren die Mobilisierungsversuche im Sande verlaufen, da die Protagonisten bald zu Tode kamen. 47 hatte Caesars Gefolgsmann Publius Cornelius Dolabella, der pikanterweise auch Ciceros Schwiegersohn war, diese Agitation erneuert und neben dem Schuldenerlaß auch noch einen Mieterlaß in die Debatte geworfen. In gewalttätigen Auseinandersetzungen seiner Gefolgschaft mit den Truppen des Antonius, der als Reiterführer des Dictators

Caesar für Ruhe in Italien sorgen sollte, waren 800 Bürger getötet worden, was der Popularität des caesarischen Regimes nicht gerade zuträglich war. Die Stimmung war gereizt, die ökonomische Situation angespannt, und darüber hinaus war noch bei den in Kampanien für den Africa-Krieg zusammengezogenen Legionen eine Meuterei ausgebrochen.

Als Caesar im Herbst 47 wieder nach Rom kam, mußte er zunächst einmal die schlimmste Not lindern, ohne die Vermögenden, deren Akzeptanz er nicht aufs Spiel setzen durfte, allzu sehr vor den Kopf zu stoßen. Er entschied sich für eine vorübergehende Festsetzung einer Höchstmiete. Für den Krieg in Africa, um den Caesar nicht herumkam, benötigte er neuerlich Geld in großen Mengen, und so begann er nun mit der Konfiskation und Versteigerung des Besitzes seiner Bürgerkriegsgegner und mit der Erhebung von Kontributionen auch in Italien. Schließlich mußte er die Meuterei in den Griff bekommen. Die wütenden Soldaten marschierten sogar nach Rom, wo sie ihre Entlassung forderten, wohl wissend, daß dies für Caesar eine Katastrophe bedeutet hätte. Caesar stellte sich ihnen auf dem Marsfeld und verfuhr wieder psychologisch äußerst geschickt. Er sprach sie als *quirites*, d.h. als Bürger an, statt als *commilitones*, also als Mitkämpfer bzw. Kameraden, und erklärte sie damit zu Zivilisten; außerdem stellte er ihnen die versprochenen Belohnungen für die Zeit nach seiner Rückkehr aus Africa in Aussicht, wenn er mit anderen Soldaten triumphieren würde. Wie schon 49 bei Placentia erreichte er auch diesmal, daß die hartgesottenen Soldaten umschwenkten und ihn geradezu inständig baten, doch im Dienst bleiben zu dürfen. Er ließ sich natürlich breitschlagen und versprach ihnen nach diesem letzten Krieg die Ansiedlung und Geldprämien.

Caesar leitete in Rom noch die Wahlen für den Rest des Jahres und für das kommende, in dem er zusammen mit Marcus Aemilius Lepidus das Consulat übernahm, und rückte gegen Jahresende ab, um nach Africa überzusetzen. Dort hatten die Pompeianer die Zeit gut genutzt, um die Demoralisierung nach Pharsalos zu überwinden und ihr Heer neu aufzubauen, und auch wenn der Numiderkönig Juba sich manche Freiheit gegenüber den Vertretern der Weltmacht Rom herausnahm, so war er doch ein formidabler Bundesgenosse, dessen Reiterei Caesar einige Schwierigkeiten bereitete. Nach wechselvollen Kämpfen kam es schließlich im April 46 bei Thapsos zur Schlacht, die Caesar nach zähem Ringen für sich entschied. Wie sehr der Bürgerkrieg nun die Belastbarkeit selbst der caesarischen Soldaten überstrapaziert hatte, zeigte sich in Gewaltexzessen gegen die Gegner und selbst gegen eigene Offiziere. Vom Führungspersonal der Pompeianer entkamen nur Titus Labienus, der einzige Legat Caesars, der ihn kurz vor Ausbruch des Bürgerkriegs verlassen hatte, und die Pompeiussöhne Gnaeus und Sextus nach Spanien.

Als die Nachricht von Caesars Sieg seinen Antagonisten Cato erreichte, der in Utica die Etappe der Pompeianer kommandierte, entschloß sich dieser zum Selbstmord, den er in wahrhaft stoischer Ruhe ausführte. Es handelte sich eben nicht um einen Akt der Panik, sondern um ein politisches Fanal. Cato wußte sehr wohl, daß Caesar seine *clementia*, seine Milde, die er in einer wohlkalkulierten Begnadigungspolitik demonstrierte, zu gern auch an ihm vorexerziert hätte, doch stellte er sich auf den Standpunkt, daß es unerträglich sei, von jemandem begnadigt zu werden, dem kein Recht zur Begnadigung von Bürgern zustünde. Damit war noch einmal auf den Punkt gebracht, daß die in der herrscherlichen Geste der Begnadigung zum Ausdruck kommende Gewaltunterworfenheit des Begnadigten mit der Freiheit eines republikanischen Adligen unvereinbar war. Mit seinem Freitod hatte Cato, die unbestrittene moralische Autorität der späten Republik, diese Grundwahrheit für die Ewigkeit konserviert, so daß auch bei den Standesgenossen, die – menschlich durchaus verständlich – nicht über den heldenhaften Rigorismus Catos verfügten und Caesars Milde wohl oder übel akzeptierten, das schlechte Gewissen nicht so leicht zum Schweigen zu bringen war. Caesar erfaßte sofort, daß ihm der tote Cato noch mehr Schwierigkeiten machen würde als der lebende, und er ärgerte sich sehr über diesen Rückschlag.

In Rom reagierte man auf die Siegesmeldung von Thapsos mit einer neuen Flut von Ehrungen und Vollmachten. So machte man Caesar zum Dictator auf zehn Jahre, wodurch er für eine lange Zeit an die Spitze des römischen Staates gestellt war. Als er im Sommer 46 zurückkehrte, feierte er endlich seine Triumphe, darunter auch den über Gallien, den er so lange wegen der drängenden Verpflichtungen des Bürgerkriegs hatte aufschieben müssen. Mit den einzigartig prachtvollen Triumphen und den großen Spielen und Volksspeisungen, die damit verbunden waren, wurde den Römern deutlich vor Augen geführt, daß der Sieger in diesem furchtbaren Bürgerkrieg nunmehr feststand und daß er aus den Kämpfen mit einer Machtfülle hervorgegangen war, die alles bisher Dagewesene weit in den Schatten stellte. Caesar begann nun mit einem gigantischen Ansiedlungsprogramm für seine Veteranen und führte einige Reformen durch, mußte aber dann doch noch einmal nach Spanien, da seine dortigen Legaten mit den Pompeiussöhnen nicht fertig wurden, die sich erneut eine respektable Armee aufgebaut hatten.

Caesar mußte diesen letzten Krieg zum größten Teil mit verhältnismäßig unerfahrenen Soldaten bestreiten und erfuhr so den besonderen Wert seiner Gallienveteranen noch einmal ex negativo. Die Entscheidungsschlacht bei Munda im März 45 stand lange auf des Messers Schneide; Caesar mußte sich persönlich ins Kampfgetümmel stürzen, um seine wankenden Schlachtreihen zum Stehen zu bringen. Wie knapp es herging, dokumentiert Caesars Diktum nach dem glücklichen Erfolg, er habe schon oft um den Sieg gefochten, nun aber zum ersten Mal um sein Leben.

Nach gut vier Jahren voller Kämpfe im gesamten Mittelmeerraum hatte sich Caesar gegen seine Widersacher militärisch durchgesetzt und war der unumschränkte Herrscher der römischen Welt geworden. Umso drängender wurde jetzt das Problem der Konsolidierung seiner Macht bzw. des römischen Staates und des römischen Reiches. Was die Angehörigen der Führungsschicht erwarteten, lag klar auf der Hand: Für sie gab es keine *res publica* ohne das freie Spiel der Kräfte inner-

halb ihrer Gruppe, und so konnten sie sich zwar eine vorübergehende Dominanz Caesars zum Zwecke der Wiederbefestigung des Staates vorstellen, aber keinen Systemwechsel zur
Monarchie. Doch wie sich bald herausstellte, war Caesar
nicht bereit, das Rad zurückzudrehen.

VII. Die Monarchie – Caesars Staat

Als Caesar 46 die Pompeianer in Nordafrica geschlagen hatte, war die Sache der Männer untergegangen, die sich ihm 50/49 in den Weg gestellt hatten. Was dann in Spanien noch einmal zu einer bedrohlichen Gegenmacht heranwuchs, war im Kern nur noch eine Rebellion von Männern ohne großes Prestige in den führenden Kreisen, die einen persönlichen Rachefeldzug gegen Caesar führten; entsprechend betrachteten selbst die Anhänger der alten Republik diese Erhebung ohne Sympathie, auch wenn sie mit der caesarischen Machtfülle keineswegs einverstanden waren.

Denn der römische Staat bestand in den Jahren 49–44 hauptsächlich aus Caesar. Für die Auseinandersetzung mit den Feinden war es zunächst wichtig gewesen, die regulären Befehlsgewalten innezuhaben, um für Rom Krieg führen und von den Provinzbewohnern Unterstützung einfordern zu können. Caesar war nach der kurzen Wahldictatur 49 für 48 Consul geworden, war dann im Herbst 48 zum Dictator für ein Jahr ernannt worden, hatte die Ämterlücke in der Zwischenperiode nach dem Auslaufen der Dictatur mit dem Auftrag zur Wiederherstellung von Ruhe und Frieden überbrückt, den er Ende des Jahres 48 erhalten hatte, und war 46 wiederum, jetzt zum dritten Mal, Consul. Mitte des Jahres 46 wurde er Dictator für zehn Jahre, was ihn nicht hinderte, 45 dennoch das Consulat ohne Kollegen zu führen, und 44 sein fünftes Consulat zu übernehmen. Ende Februar trat er die Dictatur auf Lebenszeit an.

Zum Oberamt kamen nach und nach verschiedene Sondervollmachten hinzu. Schon verhältnismäßig frühzeitig, nämlich nach Pharsalos, wurde die Entscheidung über das Schicksal der Pompeianer in Caesars Hände gelegt, außerdem sollte er die praetorischen Provinzen ohne Losung verteilen dürfen, was später offenbar auch auf die consularischen ausgedehnt wurde. Nach Thapsos wurde Caesar für drei Jahre *praefectus moribus*, also Aufseher über die Sitten, und hatte damit die wesentliche

Kompetenz der römischen Censoren inne, zur Disziplinierung der Oberschichten auch in das Privatleben einzugreifen und Verfehlungen mit Sanktionen zu belegen. Im Rahmen dieser Aufgabe ließ Caesar ein Gesetz zur Beschränkung des Luxus verabschieden, hatte aber mit seinen Reglementierungsversuchen ebenso wenig Erfolg wie seine zahlreichen Vorgänger. Vielleicht schon im Jahre 47 sicherte sich Caesar die Vollmacht zur Landanweisung und Coloniegründung, die er zur Versorgung seiner Veteranen benötigte. Nach Munda kamen ganz zentrale Rechte hinzu. Allein Caesar und niemand sonst ohne seine Erlaubnis sollte Soldaten haben, d.h. Caesar wurde Oberbefehlshaber der römischen Armee im gesamten Imperium und konnte alle Kommandopositionen nach seinen Vorstellungen besetzen. Damit war ihm die faktische Grundlage seiner Macht, das Heer, exklusiv garantiert worden. Nahezu ebenso wichtig ist die Übertragung der Verfügungsgewalt über die öffentlichen Finanzen, die traditionell dem Senat unterstanden hatten. Wohl 44 wurde Caesar die *sacrocsanctitas* verliehen, die Unverletzlichkeit der Volkstribune.

Bisher noch ausgespart sind die Rechte bei Wahlen – ein Bereich, den Caesar für so bedeutsam hielt, daß er trotz seiner häufigen Abwesenheit von Rom fast alle Wahlen in der Zeit seiner Herrschaft persönlich leitete. Schon 48 wurde beschlossen, Caesar solle für alle curulischen Ämter Wahlempfehlungen abgeben, wobei der Witz dieses Rechtes nicht in den Empfehlungen als solchen lag – die konnte eigentlich jeder aussprechen –, sondern in der formalen Einfügung in den Wahlvorgang: Jetzt war von Caesars vorherigen Empfehlungen der Wahltermin abhängig, d.h. wenn Caesar nicht wollte, daß die Ämter in seiner Abwesenheit vergeben wurden, brauchte er nur seine Empfehlungen zurückzuhalten, und genauso kam es offenbar 48, 47 und 45, als die Wahlen bis zu seiner Rückkehr verschoben wurden. 44 wurde Caesar dann für die Hälfte der Ämter mit Ausnahme des Consulats ein bindendes Empfehlungsrecht zuerkannt, darüber hinaus ließ Caesar alle Magistrate für 43 und die Consuln und Volkstribune für 42 schon im voraus wählen.

Betrachtet man sich dieses hier knapp skizzierte Bündel von Ämtern und Vollmachten, das Caesar seit Ausbruch des Bürgerkriegs anhäufte, so wird überdeutlich, daß die römische *res publica* im wörtlichen Sinne in eine Monarchie überführt war, d.h. also in eine Alleinherrschaft. Was die formalen Entscheidungsrechte anging, war Caesar unabhängig von allen Institutionen des Gemeinwesens mit Ausnahme der Volksversammlungen, die aber auch in der Republik im wesentlichen als Zustimmungsorgane ohne eigene Einflußnahme fungiert hatten. Zu den weitreichenden Kompetenzen traten noch zahllose Ehrungen, die Caesar in jeder Hinsicht über seine Standesgenossen heraushoben und teilweise an die Sphäre der Götter heranreichten. So wurde eine Caesarstatue im Triumphalornat bei Festen im feierlichen Umzug der Götterstatuen mitgeführt, eine andere Statue stand im Jupitertempel mit der Oikumene, der Symbolisierung der zivilisierten Welt, zu Füßen und der Bezeichnung als Halbgott in der Inschrift, überhaupt wurde ganz Rom mit Caesarstatuen gleichsam überschwemmt. Den Imperator-Titel, der normalerweise dem siegreichen Feldherrn von seinen Truppen verliehen wurde und nach dem Triumph wieder erlosch, erhielt Caesar als erblichen Vornamen, offenkundig ein Emblem seiner dauerhaften Sieghaftigkeit. Caesar wurde eine *domus publica*, ein Haus auf Staatskosten, zuerkannt mit einem besonderen Giebel, wie er für Königspaläste und Tempel charakteristisch war. Caesars Geburtsmonat wurde nach ihm benannt, d.h. der altrömische Quinctilis wurde nun ein Iulius, ein Eingriff, der bis heute nachwirkt. Es wurde der Bau eines Tempels für Caesar und Clementia beschlossen, und er erhielt sogar einen Priester, der allerdings vor Caesars Tod nicht inauguriert wurde. Die Liste der Ehrungen ließe sich noch lange fortsetzen, aber das wesentliche ist auch in dieser verkürzten Zusammenstellung erkennbar: Caesars überragende Stellung manifestierte sich permanent in der römischen Öffentlichkeit.

Caesars Macht basierte auf seinen Truppen und den Ressourcen des römischen Reiches, das Caesar in ungekanntem Ausmaß auf seine Person ausgerichtet hatte. Er war praktisch

Abb. 4: Münze mit Caesarkopf aus dem Jahre 44 v. Chr.
(Hirmer Verlag, München)

in allen Provinzen persönlich gewesen und hatte dort unzäh-
lige Verfügungen erlassen, mit denen er sich die Reichsbe-
wohner verpflichtet hatte. Er hatte Privilegierungen aller Art
vorgenommen, einzelne wie auch Gebietskörperschaften ausgezeichnet und überall den Eindruck befestigt, daß er nun der-
jenige war, mit dem man sich ins Benehmen setzen mußte,
wenn man in der römischen Zentrale etwas erreichen wollte.
Außerdem hatte er eine ihm allein unterstellte Armee von
mindestens 34 Legionen im ganzen Reich verteilt, wodurch
einerseits die römische Kontrolle vor Ort in ganz neuem Um-
fang gesichert war, andererseits ein mächtiges Potential bereit-
stand, das Caesar jederzeit bei Unruhen und Abfallbewegun-
gen zusammenziehen konnte. Vor dem Hintergrund dieser
Veränderungen im Reich verloren die stadtrömischen Quere-
len erheblich an Bedeutung. Nimmt man nun noch hinzu, daß
Caesar ja schließlich auch in Rom und Italien zahllose Indivi-
duen und Gruppen durch Gefälligkeiten an sich gebunden
hatte, so ist unübersehbar, daß Caesar im römischen Patronagesystem eine Stellung gewonnen hatte, der auch die vereinte
soziale Macht seiner Standesgenossen nicht mehr Paroli bieten
konnte.

Patronagebeziehungen sind persönliche Beziehungen zwischen Ungleichen mit wechselseitigen Leistungserwartungen, und der römische Grundsatz, daß jedes *beneficium*, also jede Wohltat, ein *officium*, also eine Verpflichtung, erzeugt, sorgte dafür, daß schon durch die ganz normale Interaktion ständig Patronagebeziehungen entstanden und sich intensivierten, die zudem tendenziell erblich waren. Wer in der römischen Politik eine führende Rolle spielen wollte, mußte als Patron über einen großen Anhang solchermaßen Verpflichteter verfügen. Zu den Lebensgesetzen der Oligarchie gehörte es aber, niemanden unter den großen Patronen zu groß werden zu lassen, denn eine einmal erreichte Sonderstellung mußte sich aufgrund der Anziehungskraft des großen Patrons noch ausweiten und war schwer rückgängig zu machen. Betrachtet man nun das römische Patronagesystem, wie es sich nach Caesars Bürgerkrieg entwickelt hatte, so läßt sich nur konstatieren, daß auf diesem Feld die Monarchie verwirklicht war, und darauf war Rom mit den großen Einzelpersönlichkeiten wie Sulla und Pompeius auch schon lange hingetrieben.

Es ist eine alte Streitfrage in der Forschung, ob Caesar nicht nur Monarch im Sinne von Alleinherrscher war, sondern auch König werden wollte. Der *rex*-Titel war in Rom verpönt; nach der in alle Schichten der Bevölkerung tief eingelagerten Grundüberzeugung war ein *rex* notwendig ein Tyrann, von dem man sich mit aller Gewalt befreien mußte. Dennoch wurde Caesar in einigen Situationen mit dem Königtum in Verbindung gebracht, ohne daß klar würde, was und wer dahinter stand. Als nächtens eine Caesarstatue auf der Rednertribüne mit dem Diadem bekränzt worden war, ließen die Volkstribunen Gaius Epidius Marullus und Lucius Caesetius Flavus dieses Symbol des Königtums sofort entfernen, und als Caesar bei der Rückkehr von der Feier des Latinerfestes am Albanerberg am 26. Januar 44 von einigen aus der begeisterten Menge mit *rex*-Rufen empfangen wurde, schritten erneut die beiden Tribunen ein und ließen die Schreier verhaften. Daraufhin bekundete Caesar seinen Unmut; die Tribunen reagierten mit einem Edikt, in dem sie die Bedrohung ihrer Freiheit beklagten. Das ging zu weit. Caesar versammelte den Senat, bezeichnete die Aktionen der Tribunen als Beeinträchtigungen seiner Würde, verzichtete aber auf die eilfertig geforderte Todesstrafe und stimmte nur der Amtsenthebung der unbotmäßigen Tribunen und der Streichung von der Senatsliste zu. Am 15. Februar 44 saß Caesar dann im Triumphalornat mit den roten Schuhen und dem Goldkranz der römischen Könige auf einem goldenen Stuhl auf der Rednertribüne, um dem bunten Treiben des Lupercalienfestes zuzusehen. Einer der *luperci*, der Priester, die anläßlich des Festes nackt durch die Stadt liefen und im Rahmen der Fruchtbarkeits- und Reinigungsriten ihre Peitschen auf die Umstehenden niedersausen ließen, war Marcus Antonius, Caesars Vertrauter und gegenwärtig sein Kollege im Consulat. In dieser ekstatischen Szenerie stieg Antonius zu Caesar hinauf und versuchte, ihm die Diadembinde anzulegen. Die Menge war mit einem Schlag ernüchtert und verfiel in eisiges Schweigen. Caesar wies das Diadem mit der Bemerkung zurück, nur Jupiter sei König der Römer; er ließ die Binde im Jupitertempel aufhängen und einen Vermerk im Kalender anbringen: Der Consul Marcus Antonius habe Gaius Caesar, Dictator auf Lebenszeit, auf Befehl des Volkes das Königtum angeboten, Caesar habe abgelehnt.

Diese Episoden rund um die Königswürde sind nicht leicht zu interpretieren. Einerseits lehnt Caesar, als es darauf ankommt, das Diadem ab, andererseits bleibt es lange ambivalent, ob er Insignie und Titel nun begehrt oder nicht. Man wird den Befund wohl am besten so erklären können: Caesar spielte offenbar durchaus mit dem Gedanken, das Diadem zu übernehmen, allerdings unter der Voraussetzung, daß er mit dieser Insignie und dem damit verbundenen Status die Sehnsüchte des Volkes erfüllte. Denn im letzten Jahrhundert der Republik waren einfachere Bevölkerungskreise in ihrer alltäglichen Not immer empfänglicher geworden für die intensiveren religiösen Erlebnisse und die an die Erscheinung einer überragenden Einzelpersönlichkeit geknüpften Erlösungserwartungen, die mit verschiedenen östlichen Kulten verbunden waren. Es war von daher keine völlig weltfremde Überlegung, daß sich das Volk von Rom möglicherweise eine Überhöhung ihres Wohltäters bis in ein Gottkönigtum hinein wünschte, aber das mußte erst einmal getestet werden. Bei den ersten beiden Vorstößen handelten sofort die Volkstribunen, so daß die Volksstimmung nicht rein und ungeschminkt hervortreten konnte. Daher wurden die Tribunen aus dem Verkehr gezogen, und es mußte ein letzter Versuch gestartet werden. Da aber das Volk trotz der ausgelassenen Feststimmung verstummte und der Initiative des Antonius keinerlei Beifall zollte, war das Ergebnis jetzt eindeutig: Die traditionelle Feindseligkeit gegen das Königtum war weiterhin dominant, mit dem Diadem ließ sich beim Volke nichts gewinnen, also wies Caesar diese Insignie ostentativ zurück.

Die Vollmachten und Ehrungen, die ständig mehr Distanz zwischen Caesar und seine senatorischen Standesgenossen legten, die Monopolisierung der Reichsclientelen, der Flirt mit der Königswürde, all dies konnte nicht im Sinne der alten Führungsschicht sein, deren Angehörige es gewohnt waren, im Senat als dem wichtigsten Gremium des römischen Staates die Politik mitzugestalten. Caesar hatte nun manchen aus den alten Familien in sein Lager gezogen, einige von Anfang an, weitere im Laufe seines Siegeszuges, wobei seine propagandistisch ausgeschlachtete, nichtsdestoweniger aber bewundernswerte Bereitschaft, ehemaligen Gegnern die Rückkehr in die Innenpolitik und in eine angesehene Stellung zu ermöglichen, die Basis für diese Kooperation legte. Darüber hinaus gab es Neutrale, die sich nach der Entscheidung des Krieges wieder als Senatoren betätigen wollten. Doch der caesarische Senat war dennoch nicht mehr derselbe. Zahlreiche Senatoren waren im Bürgerkrieg zu Tode gekommen, vor allem – aber nicht nur – auf seiten der Pompeianer, und Caesar hatte nicht nur diese Lücken mit eigenen Parteigängern gefüllt, sondern den Senat auch noch von ca. 600 Mitgliedern in der nachsullanischen Republik auf ca. 900 aufgebläht. Die meisten dieser neuen Senatoren kamen aus dem Ritterstand, aus dem stets der Nachwuchs rekrutiert worden war, aber einige stammten aus den Provinzen, was bei den Altsenatoren mindestens ein Naserümpfen hervorrief, und einige aus dem caesarischen Heer, was auf offene Verachtung stieß. Hinzu kam, daß die Bürgerkriegsverluste überproportional die höheren Ränge des Senats getroffen hatten und in den letzten Jahren praktisch nur Caesarianer in die Ämter und damit in höhere Rangklassen eingerückt waren. Der neue Senat war also in sehr augenfälliger Weise Caesars Senat, in dem der größte Teil der Mitglieder ihm allein den Aufstieg verdankte. Es war nachvollziehbar, daß Caesar viele Helfer belohnen mußte und sich auch viele Männer verpflichten wollte, aber die Konsequenzen für die Funktionstüchtigkeit des Senats waren katastrophal. Der Senat war ein Gremium, das seiner Natur nach darauf angelegt war, über persönliche Verbindungen und Aktivitäten der Consulare im Vorfeld Konsens herzustellen, und einer solchen Institution war es schlichtweg unmöglich, in kurzer Zeit etwa 500 neue Mitglieder in die Kommunikationszirkel zu integrieren. Wenn Cicero nach Caesars Tod einmal bemerkt, er kenne einen Senator überhaupt nicht, so ist das nicht nur eine herablassende Bemerkung eines alten Consulars, der Hinterbänkler arrogant übersieht, sondern hier offenbart sich der Zusammenbruch der Kommunikationsstrukturen im Senat.

All dies war einschneidend und absehbar, kümmerte Caesar aber nicht. Für ihn war der Senat – das machte er mit dieser Politik deutlich – kein Regierungsorgan mehr, also mußte er sich um seine Arbeitsfähigkeit auch nicht sorgen, sondern konnte die nach wie vor ja sehr angesehene Körperschaft als Versorgungseinrichtung für verdiente Anhänger mißbrauchen. In extremer Weise dokumentierte er das am letzten Tag des Jahres 45, als er auf die Meldung vom Tod eines Consuls kurzerhand einen Ersatzconsul für den Rest des Tages wählen ließ und dadurch zum Consular machte – ein entwürdigendes Schauspiel für die Verehrer der alten Republik. Caesar blieb zwar weiterhin auf Senatoren angewiesen, denn aus diesem Reservoir bezog auch er sein Führungspersonal, vor allem seine Statthalter. Aber für den Senat als Beratungs- und Entscheidungsinstitution hatte er nie viel Verwendung gehabt, jetzt, nachdem ihm von dort aus keine Steine mehr in den Weg gelegt werden konnten, nahm er sich nicht mehr die Zeit, sich mit dem dünkelhaften Gehabe der hohen Herren und den umständlichen Prozeduren aufzuhalten.

Regiert wurde in Caesars persönlichem Mitarbeiterstab. Schon während des Gallischen Krieges hatte Caesar eine Gruppe von Männern um sich geschart, die sein volles Vertrauen genossen und die nun, seit sich sein Einfluß auf das gesamte Reich ausgedehnt hatte, mit ihm die Staatsgeschäfte führten. Leute wie Lucius Cornelius Balbus, Gaius Oppius oder Aulus Hirtius besaßen kaum politisches Eigengewicht, sie stellten in der römischen Welt nur deshalb etwas dar, weil sie ständig mit dem Dictator zusammenarbeiteten. In diesem privaten Zirkel wurden jetzt die Senatsbeschlüsse und Gesetze verfaßt. Konkret sah das so aus: Man gab den Ausarbeitungen zum Beispiel die Form eines Senatsbeschlusses und legte dann dem Senat ein ganzes Bündel zur globalen Ratifizierung vor. Da konnte es dann passieren, daß ein Mann wie Cicero von Clientelfürsten, von denen er noch nie gehört hatte, Dankesschreiben für die angeblich von ihm beantragte Verleihung des Königstitels erhielt. Es ist nachvollziehbar, daß die alte Führungsschicht solche Praktiken als zutiefst deprimierend empfand. Dennoch mußte man wohl oder übel bei Caesar antichambrieren, wenn man etwas für sich und seine Clienten tun wollte. Für die adelsstolzen Senatoren war es schwer zu ertragen, daß sie nun – wie es Cicero erlebte – bei Caesar im Vorzimmer warten mußten, während solche Parvenus wie Oppius und Balbus beim Dictator ein- und ausgingen. In solchen Szenen wurde augenfällig, daß sich das Zentrum der Macht in Rom vom Senat in die Kanzlei Caesars verlagert hatte. Der Consular Cicero brachte den tiefgreifenden Wandel auf den Punkt, als er an einen Freund schrieb: „Wir saßen früher im Heck am Steuerruder (des Staatsschiffes), heute ist für uns kaum noch Platz im Bodenwasser."

Der Senat tat sich eigentlich nur noch hervor mit immer wieder neuen, ständig gesteigerten Ehrenbeschlüssen für Caesar, der einen Teil dieser Ehren sogar ablehnte. Man erfaßt das Phänomen sicher nicht, indem man unterstellt, Caesar habe über Vertrauensleute all diese Ehrungen lanciert und die wohl nicht geringe Zahl von Senatoren, die diese Inflation von Privilegien und Vollmachten eigentlich ablehnten, habe nicht den Mut besessen, dagegen Stellung zu beziehen. Vielmehr ist Ehrungshysterie ein Selbstläufer in Diktaturen (im modernen Sinne). Wenn eine Person einsam an der Spitze des Staates steht und die Macht hat, Köpfe rollen zu lassen, wenn ihr etwas nicht paßt, dann lastet auf den Repräsentanten des öffentlichen Lebens ein existentieller Druck, sich das Wohlwollen dieser Person zu erhalten, und dazu sind Ehrenbeschlüsse stets ein probates Mittel. Der Machthaber kann diesen Mechanismus auch gar nicht außer Kraft setzen, weil selbst dann, wenn er immer wieder betont, wie wenig Wert er darauf legt, nie wirklich klar werden kann, ob er es ernst meint, und das Risiko, es darauf ankommen zu lassen, immer zu groß ist. Die Machtfülle eines Diktators ruiniert die Kommunikation, und darunter leidet auch der Diktator selber, denn er kann nicht vermitteln, daß er den von ihm Abhängigen abweichende Ansichten nicht übel nimmt. Insofern war es bis zu einem gewissen Grade konsequent, daß Caesar den Senat beiseite schob; er hätte dort doch nur Bestätigungen seiner Standpunkte ernten können, eine sachdienliche Debatte konnte er – wenn überhaupt – nur mit seinen Mitarbeitern führen, die sich in Anbetracht des bewährten Vertrauensverhältnisses eine eigene Meinung leisten konnten und vielleicht auch tatsächlich leisteten.

Seine unumschränkte Stellung in Rom nutzte Caesar dazu, ein buntes Bündel von Reformen zu initiieren, von denen wir oft nur beiläufig erfahren; das Bild, das wir uns von diesem Sektor seines Wirkens machen können, ist daher besonders fragmentarisch. Jedenfalls beschnitt Caesar das Übel der Gesandtschaften ohne öffentliche Aufgabe, d.h. die Möglichkeit der Senatoren, sich für private Unternehmungen in den Provinzen mit den Privilegien staatlicher Geschäftsträger ausstatten zu lassen. Außerdem setzte er für die Dauer der Statthalterschaften eine Höchstgrenze von zwei Jahren bei Consularen und von einem Jahr bei Praetoriern fest. Er ordnete auch die Delikte *vis* (Gewaltanwendung) und *maiestas* (Hochverrat) neu und regelte die Besetzung der Geschworenengerichte. Norditalien erlangte unter seiner Herrschaft schon 49 das volle Bürgerrecht, wie er überhaupt noch zahlreiche Bürgerrechtsverleihungen vornahm. Vielleicht erließ er vereinheitlichende Organisationsstatuten für die italischen Gemeinden, doch ist das nicht ganz klar. Jedenfalls betrieb er eine gigantische Siedlungspolitik, schon um seine Veteranen mit der versprochenen Parzelle und damit einer Existenzgrundlage im Zivilleben zu versehen, aber darüber hinaus siedelte er ca. 80000 Stadtrömer in seinen überseeischen Kolonien an, was eine sehr sinnvolle sozialpolitische Maßnahme war, da viele Einwohner Roms dort selbst keine ökonomische Chance besaßen. Die Menge der von Caesar gegründeten Städte und der von ihm angesiedelten Menschen ist schwer zu bestimmen, aber mit einer gewissen Wahrscheinlichkeit kann man gut 30 neue Städte allein in den Provinzen identifizieren. Die Zahl der Empfänger von staatlich finanziertem Getreide in Rom setzte er auf 150000 Bezugsberechtigte fest, womit er angesichts der vorherigen Zahl von 320000 zweifellos viele Nutznießer dieser staatlichen Zusatzversorgung vor den Kopf stieß, aber den Anreiz erhöhte, sich außerhalb Roms eine Existenz zu schaffen, und die Kosten für die Staatskasse zu einer plan- und beherrschbaren Größe machte. Das Unruhepotential der Vereine, die in den letzten Jahren der Republik gegen das Establishment mobilisiert worden waren, reduzierte er, indem er nur die von Alters her existierenden bestehen ließ. Dem in Rom schon lange beklagten Bevölkerungsrückgang suchte er durch eine Prämie für kinderreiche Familien entgegenzusteuern. Seine wohl am längsten nachwirkende Reform war die Neuordnung des Kalenders, den er jetzt auf das Sonnenjahr mit 365 Tagen umstellte.

Man hat Caesars Reformen sehr unterschiedlich beurteilt. Während einige Forschern darin den Beweis sahen, daß Caesar die Probleme des römischen Staates und Reiches innovativ und zukunftsweisend anpackte, betonten andere, daß all dies ja der Stabilisierung seiner Herrschaft diente und man keine Visionen Caesars zu postulieren braucht, um diese Maßnahmen zu erklären. Letzteres ist durchaus richtig, doch sollte man die Bedeutung dieser Beobachtung nicht überschätzen. Caesars großes Geschick als Politiker äußert sich vielmehr darin, daß er zugleich sich und der Allgemeinheit zu nutzen verstand, wie die Coloniegründungen, die Bürgerrechtsverleihungen, die Schuldenregulierung, die er schon 49 vornahm, die Organisation der Reichsverteidigung und der Getreideverteilungen belegen. Es wäre überzogen und unrealistisch, wollte man von aktiven Politikern zum Ausweis ihrer Orientierung auf das Gemeinwesen verlangen, daß sie gegen ihre eigenen Interessen handelten. Es deutet daher auf eine ungesunde politische Struktur, wenn sich Allgemeinwohl und Partikularinteressen der politisch Handelnden regelmäßig im Konflikt befinden, anders gesagt: Ein politisches System, das auf die Selbstkasteiung seiner Elite angewiesen ist, hat einen schweren Webfehler.

Als Caesar im Herbst 46 nach dem Sieg in Africa wieder in Rom eintraf, hatte man in weiten Kreisen der römischen Führungsschicht angenommen, er werde jetzt den Staat konsolidieren und dann unter Zurücknahme der eigenen Person die republikanische Regierungsform wieder in ihre Rechte einsetzen. Cicero verlieh diesen Erwartungen in unnachahmlicher Weise Ausdruck in seiner Rede *Für Marcellus*, mit der er Caesar im Senat für die Begnadigung des Marcus Claudius Marcellus dankte, des caesarfeindlichen Consuls von 51. Als sich Caesar 45 notgedrungen wieder aus Rom verabschieden mußte, um den Spanienfeldzug gegen die Pompeiussöhne zu führen, war dies als eine unvermeidliche Aufschiebung empfunden worden. Als Caesar jedoch nach der Rückkehr aus Spanien im Herbst 45 zwar fieberhafte Aktivitäten entfaltete, aber keine Absichten erkennen ließ, die Republik wiederherzustellen, verflüchtigte sich bei einer Reihe von Senatoren die Hoffnung, alles werde wieder wie früher. Und als Anfang des Jahres 44 klar war, daß Caesar bald zum Krieg gegen die Parther aufbrechen und jahrelang abwesend sein würde, konnte sich niemand mehr der Illusion hingeben, Caesar beabsichtige den Rückzug von seiner Herrschaftsposition und sei von der alten *res publica* als auch nur entfernter Zielvorstellung geleitet. Der Partherkrieg bedeutete, daß Caesar im Besitze all seiner Vollmachten auf Jahre hinaus mit seinem Heer tief in Asien stehen würde und die römische Politik wieder nur ein Annex der großen Strategie sein konnte, wie man das schon im Bürgerkrieg erlebt hatte. Gewiß war ein Feldzug gegen die Parther aus römischer Perspektive gerechtfertigt, denn diese hatten schließlich Marcus Crassus und Teile seines Heeres getötet bzw. gefangen genommen, außerdem waren sie 51/50 in die römische Provinz Syrien eingefallen und unterstützten jetzt den dortigen Aufstand des Caecilius Bassus. Diese ganzen Untaten schrien nach Sühne, doch hatte das eigentlich keine Eile. Wieso glaubte also Caesar, diesen Krieg nun in Angriff nehmen zu sollen, wo er doch selbst angekündigt hatte, er werde sich nicht vor Erledigung seiner innerrömischen Aufgaben in den Osten begeben?

Auch in der Moderne ist der Partherkriegsplan stark kritisiert worden. Man hat ihn zum Teil als Flucht in die Außenpolitik angesehen, weil Caesar im Inneren die Wand von Mißtrauen und Ablehnung in der Führungsschicht nicht habe durchstoßen können, als Symptom des Scheiterns, weil er die Aufgabe der inneren Konsolidierung nicht habe bewältigen können. Doch nüchtern betrachtet hatte Caesar eigentlich sein Versprechen gehalten. Er hatte seinen Staat so weit befestigt, wie er konnte: Er besaß alle Vollmachten, um das römische Imperium als Alleinherrscher zu führen, er hatte allen Schichten des Reiches große Wohltaten erwiesen und sie so an sich gebunden, er hatte zahlreiche Helfer um sich geschart. Was ihm fehlte, war die Zustimmung der Führungsschicht zu seiner Monarchie, und die hätte er auch nicht gewinnen können, wenn er noch länger in Rom geblieben wäre. Dagegen konnte er damit rechnen, daß man in seiner Abwesenheit das Machtvakuum in Rom spüren würde und daß sich daraus neue Unruhen und Konflikte ergeben würden, zu deren Behebung er zurückkehren könnte, genau wie im Jahre 47. So hätte sich allmählich die Anschauung verfestigen können, daß die effiziente Wahrung von Ruhe und Ordnung, für die die Monarchie stand, ein hoher Wert war, so daß man sich vielleicht auch in den Kreisen der traditionellen Senatorenschaft mit den neuen Verhältnissen nach und nach arrangiert hätte. Um nun aber den erforderlichen Gewöhnungsprozeß nicht länger dadurch aufzuhalten, daß man sich über seine Absichten in Illusionen wiegen konnte, sorgte Caesar für Klarheit: Mitte Februar des Jahres 44 v. Chr. trat er die *dictatura perpetua* an, also die lebenslängliche Dictatur, die ihm schon Ende 45 angeboten worden war, und zog damit einen offiziellen Schlußstrich unter die römische Republik. Kein Römer, zumindest keiner aus den Oberschichten, die in die Politik mehr oder weniger intensiv eingebunden waren, konnte übersehen, was es bedeutete, daß nun ein Mann allein auf Lebenszeit an die Spitze des Staates gestellt war: Die Übernahme der lebenslänglichen Dictatur kam einer förmlichen Proklamation der Monarchie und damit des Endes der Republik gleich. Caesar war im Herbst 46 zum Dictator auf 10 Jahre ernannt worden, war also noch bis zum Herbst 36 in seiner Führungsposition gesichert. Daß er es jetzt für nötig befand, 8 Jahre vor dem Ablauf seiner Amtszeit die Dictatur auf Lebenszeit anzutreten, diente also keinem praktischen Zweck, und dies mußte auch allen Beobachtern ins Auge springen: Der einzig erkennbare Sinn dieser Aktion war es, den Zeitgenossen, allen voran der republikanischen Aristokratie, unmißverständlich zu verdeutlichen, daß Caesars Alleinherrschaft nicht als ein vorübergehender Zustand zum Zwecke der Wiederbefestigung des Staates anzusehen sei, sondern daß die alte Republik damit dauerhaft in eine Monarchie überführt war.

Mit der Dauer war es dann tatsächlich nicht weit her. Caesar konnte sich nur etwa vier Wochen seines wohlklingenden neuen Titels *dictator perpetuo* erfreuen, denn an den sprichwörtlich gewordenen Iden des März, also am 15. März 44, wurde er das Opfer eines Attentats.

VIII. Ein Attentat ohne Putsch – Das traurige Ende des Alleinherrschers und der Republik

Als Caesar die lebenslängliche Dictatur angetreten und damit klargestellt hatte, daß er nicht daran dachte, zur Republik zurückzukehren, formierte sich die Opposition schnell, und sie formierte sich bezeichnenderweise über die alten Bürgerkriegslager hinweg. An dem Attentat beteiligten sich keineswegs nur ehemalige Pompeianer wie die beiden Protagonisten Marcus Iunius Brutus, der Sohn von Caesars langjähriger Freundin Servilia, und Gaius Cassius Longinus, der wohl der eigentliche Drahtzieher war, sondern auch eine Reihe von alten Caesarianern wie Gaius Trebonius und Decimus Iunius Brutus, die ihm schon seit den 50er Jahren treu anhingen und auf seiner Seite im Bürgerkrieg gekämpft hatten. Nichts könnte klarer machen, daß die Motive für die Ermordung Caesars grundsätzlicher Natur waren, daß es primär um die Rückgewinnung der Republik ging, die für die Angehörigen der senatorischen Führungsschicht den selbstverständlichen Orientierungsrahmen, ja Lebensraum abgab. Daß sogar Mitstreiter Caesars seine Monarchie, bei deren Aufrichtung sie aktiv mitgewirkt hatten, am Ende ablehnten, offenbart die krasse Standortgebundenheit ihrer Weltsicht, die ihnen selbst wohl kaum bewußt war: Sie hatten ganz traditionell ihren Wohltäter Caesar unterstützt und dafür die verdienten Gegenleistungen erhalten; doch als sie dank seiner Förderung Praetoren oder gar Consuln geworden waren, stellten sie auf einmal fest, daß die damit normalerweise einhergehenden politischen Gestaltungsmöglichkeiten ganz erheblich eingeengt waren, und auf dieser Ebene vermißten sie plötzlich die Freiheiten des republikanischen Systems, die ihnen in den unteren Rängen weitgehend gleichgültig gewesen waren.

Caesar begünstigte das Vorhaben der Verschwörer ganz wesentlich dadurch, daß er seine spanische Leibwache entließ und sich auch weigerte, eine andere Garde zu akzeptieren. Aus seiner Begründung für dieses Verhalten leuchtet sein Verhältnis zum Tod grell hervor. Caesar sagte, es sei besser, einmal zu sterben, als sich immer zu fürchten. Daß Caesar mit großer Geste die Gefahr ignorierte, obwohl er über seine Unbeliebtheit in gewissen Kreisen Bescheid wußte, ist durchaus glaubwürdig. In üblicher Souveränität leistete er es sich, auf eine ständige militärische Bedeckung und damit auf das Emblem der Tyrannis zu verzichten, obwohl das erkennbar Risiken in sich barg. Doch Caesar scheint den resignierten Senatoren auch kein entschlossenes Handeln mehr zugetraut zu haben. Das erwies sich als eine Fehleinschätzung.

Insgesamt waren es rund 60 Männer, die sich zur Ermordung des Monarchen zusammenschlossen. In der Senatssitzung vom 15. März wollte man zur Tat schreiten, drei Tage vor der geplanten Abreise Caesars in den Partherkrieg. Am Morgen dieses Tages fühlte sich Caesar unwohl und zögerte, ob er überhaupt in den Senat gehen sollte. Seine Frau Calpurnia soll ihn bestürmt haben, zuhause zu bleiben, da sie von unheilverheißenden Träumen geplagt worden war. Doch Decimus Brutus überredete den Dictator, der sich gegen 11 Uhr auf den Weg machte. Man soll ihm unterwegs noch einen Brief zugesteckt haben, der das Vorhaben enthüllte, doch er steckte das Schriftstück ein, ohne es zu lesen. Als er im Senat ankam, wurde Marcus Antonius von Trebonius im Vorraum verabredungsgemäß in ein Gespräch verwickelt, so daß er den Attentätern nicht in die Quere kommen konnte. Tillius Cimber bestürmte Caesar mit der Bitte, seinen Bruder zu begnadigen, und die Eingeweihten scharten sich um Caesar unter dem Vorwand, dieses Gesuch zu unterstützen. Caesar lehnte ab. Da packte Cimber die Toga des Dictators und zog sie ihm vom Hals. Dies war das verabredete Zeichen, und die Mörder stießen mit Dolchen und Schwertern zu. Caesars Blut spritzte ironischerweise auf die Statue des Pompeius, der dieses Versammlungsgebäude seinerzeit erbaut und mit seinem Bildnis versehen hatte. Verschiedene Berichte über letzte Worte sind unglaubwürdig. Caesar scheint gestorben zu sein, ohne der Nachwelt noch einen Merksatz im Angesicht des Todes hinterlassen zu haben.

Als sich Marcus Brutus nach vollbrachter Tat an die vor Schreck wie gelähmten Senatoren wenden wollte, gerieten diese in Bewegung und stürzten Hals über Kopf ins Freie. Die Mitglieder des Senats, zum größten Teil Caesars Kreaturen, liefen um ihr Leben. Sie wußten ja schließlich nicht, daß die Attentäter nach dem Mord an Caesar nicht auch mit dessen Freunden abrechnen wollten.

Es hängt wohl mit dem breiten Konsens für die Republik und gegen die Monarchie in der römischen Führungsschicht zusammen, daß die Verschwörer so wenig vorausgeplant hatten, was nach der Tat zu geschehen habe. Die eigene Fixierung auf die alte Republik hatte sie blind gemacht für die unmittelbare Wirkung ihrer Tat auf Unbeteiligte und auch für den Charakter der caesarischen Alleinherrschaft. Sie hatten für die Zeit danach nicht viel mehr vorbereitet als Brutus' Rede, nach der man, wie es sich bei einem Tyrannenmord gehörte, in einem gemeinsamen großen Zug unter Beifallsstürmen des Volkes Caesars Leiche durch die Stadt schleifen und in den Tiber werfen wollte. Daß die Senatoren in verständlicher Angst davonliefen, statt sich in patriotischen Begeisterungsstürmen zu ergehen, scheint die Attentäter völlig überrascht zu haben. Und die Panikstimmung breitete sich rasch aus. Auf die Nachricht von Caesars Ermordung schlossen Handwerker und Händler ihre Läden, Menschen aller Schichten verschanzten sich in ihren Häusern und richteten sich auf Verteidigungskämpfe ein. Als die Verschwörer, die sich auf das Capitol zurückgezogen hatten, dort eine Volksversammlung abhielten, konnten sie die Anwesenden wohl beruhigen, daß von ihnen kein Terror zu befürchten sei, aber Zustimmung erzeugten sie nicht. Das stadtrömische Volk legte zunächst Verwirrung und Verunsicherung, danach aber eher Trauer über den Tod des großen Wohltäters an den Tag und zeigte sich für Befreiungspathos wenig empfänglich. Damit waren die Caesarmörder auf ihrem altrepublikanischen Weg eigentlich schon gescheitert.

Es offenbart sich hier eine folgenreiche und aufs erste erstaunliche Wahrnehmungstrübung bei den Caesarmördern,

die aber charakteristisch ist für die Verabsolutierung der eigenen Perspektive, die in der römischen Führungsschicht vor-
herrschte. Die Verschwörer schlossen aus gelegentlichen Miß-
fallensbekundungen des Volkes gegenüber Aktionen Caesars
auf eine grundsätzliche Distanz zu seiner Herrschaft. Sie gingen offenbar ganz selbstverständlich davon aus, daß abgesehen von wenigen verbohrten Caesarianern jeder so wie sie in
Caesars Regiment nur eine quälende Tyrannei erblickte, die
man lieber heute als morgen abstreifen würde. Sie hatten die
aktive Unterstützung der städtischen Bevölkerung eingeplant
und mußten nun feststellen, daß sich die römische *plebs* keineswegs danach gesehnt hatte, die Mildtätigkeit des großzü-
gigen Volksfreundes Caesar wieder gegen die Dominanz der
alten Oligarchie einzutauschen.

Das Debakel, das die Caesarmörder nach dem Attentat er-
litten, zeigt deutlich, wie breitere Bevölkerungskreise zur
Monarchie standen: teils positiv, teils indifferent, jedenfalls
aber ohne Interesse an einer Revision. Die Freiheit des republikanischen Staates, die in der Antike wie in der Moderne
gegen das Regime Caesars und der nachfolgenden Kaiser aus-
gespielt wurde, war fast gänzlich die Freiheit der Führungsschicht, und deren Exponenten, die Caesarmörder, mußten
am eigenen Leib erfahren, daß die Beeinträchtigung dieser
Freiheit die meisten Bürger kalt ließ. Das Negativurteil über
Caesars Staat in der Oberschicht weist zwar ein unangeneh-
mes Defizit in der Akzeptanz der neuen Machtverhältnisse
aus, war aber durch die andere Haltung breiterer Kreise in
gewissem Maße kompensierbar und ließ sich überdies nicht
vermeiden: Für einen tiefgreifenden politischen Umbruch wird
man wohl nie die Zustimmung der entmachteten alten Elite
erwarten können. Da in Rom die Führungsschicht nicht einfach austauschbar war, sondern der Herrscher auf sie angewiesen blieb, mußten erst weitere Bürgerkriege wüten und
langwierige Gewöhnungs- und Resignationsprozesse ablaufen,
ehe das monarchische System auch dort akzeptiert wurde. Seit
Caesar aber waren das Militär und die Reichsbevölkerung auf
eine Person ausgerichtet und sahen ihre Interessen in einer

Monarchie gewahrt, so daß die republikanische Romantik keine Chance mehr besaß, das Rad zurückzudrehen. Sehr bald dominierten jene Männer, die in Caesars Fußstapfen treten wollten, also vor allem Antonius und Caesars Neffe Gaius Octavius, den der Dictator testamentarisch adoptiert und zu seinem Haupterben eingesetzt hatte und der später unter dem Ehrennamen Augustus die Monarchie in Rom endgültig etablierte. Die Caesarmörder Brutus und Cassius konnten in das Geschehen noch einmal eingreifen, doch ironischerweise erst dann, als sie so wurden wie die um Caesars Nachfolge ringenden Prätendenten, nämlich selbstherrliche, die republikanischen Rechtsnormen ignorierende Condottieri.

Der Umbruch von der Republik zur Monarchie war mehr gewesen als Caesars lebenslängliche Dictatur, das Amt ließ sich mit der Ermordung des Dictators aus der Welt schaffen, ein Teil der Systemveränderungen jedoch nicht mehr. Nun ist wohl kein solcher Umbruch vorstellbar, ohne daß bestimmte Entwicklungsstränge des historischen Geschehens schon länger auf ihn zulaufen, d.h. daß ein historischer Prozeß im Gange ist, der die Ablösung des Alten und die Entstehung des Neuen vorbereitet. Die Monarchie fiel in Rom in der Tat nicht vom Himmel. Caesars Anteil an dem Geschehen lag denn auch nicht darin, daß die Republik überhaupt abgelöst wurde, wohl aber darin, daß sie zu diesem Zeitpunkt abgelöst wurde.

Diese Verantwortung ist wahrlich nicht gering. Caesar hatte es 49 in Kauf genommen, daß die ganze Mittelmeerwelt mit Krieg überzogen wurde, und Hunderttausende mußten in diesen Wirren ihr Leben lassen. Ein solcher Einsatz kann niemals wirklich gerechtfertigt werden; der zurückschauende Historiker, der sich in der günstigen Lage befindet, das Ergebnis der von ihm betrachteten Entwicklungen zu kennen, kann allerdings einen Maßstab in die Beurteilung einführen, der für die Zeitgenossen nur als Hoffnung existiert, nämlich – wie es Hermann Strasburger formulierte – „die gesteigerte Gewährleistung des Wohlbefindens der Mehrzahl der Reichseinwohner im Vergleich zu deren vormaliger Daseinsform"

(Caesar im Urteil der Zeitgenossen S.76). So schwer das abzu-
schätzen ist, hat man doch für das römische Reich der Kaiser-
zeit allgemein einen Fortschritt konstatiert gegenüber den Zeiten der Republik. Der Umbruch zur Monarchie ist unter
diesem globalen Aspekt wohl positiv zu bewerten, der Verlust
an Freiheit betrifft eine zwar lautstarke, aber nur sehr kleine
Führungsschicht, die allerdings lange brauchte, um die Veränderung wirklich zu bewältigen.

Caesars Beschleunigung des Niedergangs der Republik und
des Monarchisierungsprozesses in Rom muß also vom Resul-
tat her nicht negativ gesehen werden, doch wird es für immer
sein Geheimnis bleiben, ob er wenigstens einen Teil dieser
Konsequenzen vorhergesehen hat (wie seine Apologeten gerne
unterstellen). Vergleicht man die Tat Caesars mit der seiner
Mörder unter synchroner und diachroner Perspektive, d.h.
nach den Kriterien der Zeitgenossen und denen der Nachwelt,
so ergibt sich ein sehr bezeichnendes Paradox: Während
Caesar nach dem Urteil seiner Zeitgenossen eine Untat be-
ging, als er die römische Welt um der Realisierung seiner Ansprüche willen in einen Bürgerkrieg stürzte, war seine Ermordung nach den Kriterien der Zeit eigentlich eine edle
Handlung, da Alleinherrschaft als Verbrechen galt. Sieht man
aber auf die längerfristigen Folgen, so steht Caesar mit seiner
Monarchie, die die Grundlagen legte für die Kaiserherrschaft,
sehr viel besser da als die Caesarmörder mit ihrem Traum von
der alten Republik, der keine Realisierungschancen besaß und
der römischen Welt nur ein sonst vielleicht vermeidbares
Jahrzehnt von besonders brutalen Bürgerkriegen bescherte.
Da die beiden Dimensionen nicht zur Deckung zu bringen
sind, ist in beiden Fällen kein klares Urteil über die Legitimi-
tät des Handelns möglich. Wie generell die großen Täter ver-
dient deshalb auch Caesar seinen Platz in der Ehrengalerie der
Weltgeschichte nicht als strahlender Held, sondern als schil-
lernde Figur.

Zeittafel

100 v.Chr.	Caesars Geburt (am 13.7.).
84	Heirat mit Cinnas Tochter Cornelia (aus der Ehe stammt die Tochter Iulia); Designation zum Jupiterpriester (*flamen Dialis*).
82–80	Sullas Dictatur und Herrschaft (Caesar entkommt durch Bestechung der sullanischen Proskriptionsschergen).
80	Caesar in Kleinasien, Gewinn der Bürgerkrone.
77	Anklage des Gnaeus Cornelius Dolabella, der freigesprochen wird.
75	Seeräuberepisode, Bildungsreise nach Rhodos.
73	Kooptation zum *pontifex*.
72	Militärtribun.
69	Quaestor in Spanien.
67	Heirat mit Pompeia; Seeräuberkrieg des Pompeius.
66–62	Pompeius im Osten.
65	Caesar curulischer Aedil.
63	Wahl zum *pontifex maximus*.
63/2	Catilinarische Verschwörung mit Aufstand in Etrurien.
62	Praetor.
61	Statthalter in Spanien.
60	Wahl zum Consul und Abschluß des Dreibunds (sogenanntes 1. Triumvirat) mit Pompeius und Crassus.
59	1. Consulat; Heirat mit Calpurnia.
58	Statthalter in Gallia Narbonensis, Gallia Cisalpina und Illyricum; Helvetierkrieg, Krieg gegen Ariovist.
57	Kriege gegen die Belger.
56	Konferenzen von Ravenna und Luca, Wiederbefestigung des Dreibunds; Feldzüge gegen die Veneter und nach Aquitanien.
55	2. Consulat von Pompeius und Crassus, Verlängerung von Caesars Statthalterschaft; Feldzug gegen die Usipeter und Tencterer, 1. Rheinübergang, 1. Britannienfahrt.
54	2. Britannienexpedition, Aufstand in Gallien, Vernichtung von anderthalb Legionen durch die Eburonen; Tod von Caesars Tochter Iulia.
53	Feldzüge gegen die aufständischen Stämme, 2. Rheinübergang; Untergang des Crassus im Krieg gegen die Parther.
52	Tod des Clodius, 3. Consulat des Pompeius; Vercingetorix-Aufstand, Niederlage Caesars bei Gergovia, Sieg bei Alesia und Kapitulation des Vercingetorix.
51	Letzte Kämpfe in Gallien, Exempel von Uxellodunum.
50	Massive Versuche, Caesar von seiner Statthalterschaft abzuberufen, der Volkstribun Curio vertritt geschickt Caesars Interessen.

49	Erklärung des Notstands in Rom, Ultimatum an Caesar, Caesar eröffnet den Bürgerkrieg (10.1.), Gewinnung Italiens, Rückzug des Pompeius nach Griechenland, Sieg Caesars in Spanien (Ilerda-Kampagne), Meuterei von Placentia, Caesars 1. Dictatur (Dauer 11 Tage).
48	Caesars 2. Consulat, Übersetzen nach Griechenland, Rückschlag bei Dyrrhachium, Sieg bei Pharsalos (9.8.), Flucht des Pompeius nach Ägypten, wo er ermordet wird (28.9.), Caesar landet in Alexandria, Ausbruch des Alexandrinischen Krieges; Caesar wird für ein Jahr zum Dictator ernannt.
47	Eintreffen von Verstärkungen, Sieg Caesars am Nil (27.3.), Inthronisation von Kleopatra VII., Zug nach Kleinasien und Sieg über Pharnakes bei Zela (1.8.); Unruhen in Rom, Meuterei in Kampanien, Caesars Rückkehr nach Italien, nach Regelung des Nötigsten Übersetzen nach Africa.
46	3. Consulat; Sieg über die Pompeianer bei Thapsus (6.4.); Dictator für zehn Jahre, vier Triumphe in Rom; Wiedererstarken der Pompeius-Söhne in Spanien, Caesar muß gegen sie ziehen.
45	4. Consulat; Sieg bei Munda (17.3.), Rückkehr nach Rom, überbordende Ehrungen und Vollmachten (Vorbereitung kultischer Verehrung, lebenslängliche Dictatur, alleiniges Kommando über sämtliche römischen Truppen, Finanzhoheit).
44	5. Consulat; Vorbereitung des Partherkriegs, Antritt der Dictatur auf Lebenszeit (zwischen 9.2. und 15.2.), Ablehnung des Königtums beim Lupercalienfest (15.2.), Ermordung an den Iden des März (15.3.).

Literaturverzeichnis

A. Alföldi, Caesar in 44 v. Chr., I: Studien zu Caesars Monarchie und ihren Wurzeln, aus dem Nachlaß hg. v. H. Wolff/E. Alföldi-Rosenbaum/ G. Stumpf, Antiquitas III 16, Bonn 1985

H. Botermann, Denkmodelle am Vorabend des Bürgerkrieges (Cic.Att. 7,9). Handlungsspielraum oder unausweichliche Notwendigkeit?, in: Historia 38, 1989, 410-430

H. Bruhns, Caesar und die römische Oberschicht in den Jahren 49–44 v. Chr. Untersuchungen zur Herrschaftsetablierung im Bürgerkrieg, Hypomnemata 53, Göttingen 1978

F. Cairns/E. Fantham (Hgg.), Caesar against Liberty? Perspectives on His Autocracy, Cambridge 2003

K. Christ, Krise und Untergang der Römischen Republik, 5. Aufl. Darmstadt 2007

ders., Caesar. Annäherungen an einen Diktator, München 1994

W. Dahlheim, Julius Caesar. Die Ehre des Kriegers und die Not des Staates, Paderborn 2005

J. Deininger, Zur Kontroverse über die Lebensfähigkeit der Republik in Rom, in: Imperium Romanum. Studien zu Geschichte und Rezeption, Festschrift für K. Christ zum 75. Geburtstag, hg. v. P. Kneissl/V. Losemann, Stuttgart 1998, 123–136

M. H. Dettenhofer, Perdita Iuventus. Zwischen den Generationen von Caesar und Augustus, Vestigia 44, München 1992

M. Gelzer, Die Nobilität der römischen Republik, in: ders., Kleine Schriften 1, Wiesbaden 1962, 17–135 [zuerst 1912]

ders., War Caesar ein Staatsmann?, in: ders., Kleine Schriften 2, Wiesbaden 1963, 286-306 [zuerst 1954]

ders., Caesar. Der Politiker und Staatsmann, 6. Aufl. Wiesbaden 1960

ders., Cicero. Ein biographischer Versuch, Wiesbaden 1969

ders., Pompeius. Lebensbild eines Römers, Nachdr. d. auf d. 2. überarb. Aufl. von 1959 basierenden Paperback-Ausg. von 1973, erg. um d. Nachlaß von M. Gelzer, durchges. u. mit einer Bibliographie ausgestattet von E. Herrmann-Otto, Stuttgart 1984

H. Gesche, Caesar, Erträge der Forschung 51, Darmstadt 1976

K. M. Girardet, Politische Verantwortung im Ernstfall. Cicero, die Diktatur und der Diktator Caesar, in: Lenaika. Festschrift für C. W. Müller zum 65. Geburtstag am 28. Januar 1996, hg. v. Chr. Mueller-Goldingen/ K. Sier, Beiträge zur Altertumskunde 89, Stuttgart / Leipzig 1996, 217–251

ders., Caesars Konsulatsplan für das Jahr 49: Gründe und Scheitern, in: Chiron 30, 2000, 679-710

E. S. Gruen, The Last Generation of the Roman Republic, Berkeley 1974

H. Heinen, Rom und Ägypten von 51 bis 47 v. Chr. Untersuchungen zur Regierungszeit der 7. Kleopatra und des 13. Ptolemäers, Diss. Tübingen 1966

A. Heuß, Der Caesarismus und sein antikes Urbild, in: Geschichte und Gegenwart. Festschrift für K. D. Erdmann, Neumünster 1980, 13–40

M. Jehne, Der Staat des Dictators Caesar, Passauer historische Forschungen 3, Köln u. a. 1987

ders., Die Ermordung des Dictators Caesar und das Ende der römischen Republik, in: U. Schultz (Hg.), Große Verschwörungen. Staatsstreich und Tyrannensturz von der Antike bis zur Gegenwart, München 1998, 33–47; 256–261

U. Maier, Caesars Feldzüge in Gallien (58–51 v. Chr.) in ihrem Zusammenhang mit der stadtrömischen Politik, Saarbrücker Beiträge zur Altertumskunde 29, Bonn 1978

Chr. Meier, Pompeius' Rückkehr aus dem mithridatischen Kriege und die catilinarische Verschwörung, in: Athenaeum 50, 1962, 103–125

ders., Caesars Bürgerkrieg, in: ders., Entstehung des Begriffs ‚Demokratie'. Vier Prolegomena zu einer historischen Theorie, Frankfurt a. M. 1970, 70–150

ders., Das Kompromiss-Angebot an Caesar i. J. 59 v. Chr., ein Beispiel senatorischer ‚Verfassungspolitik', in: Museum Helveticum 32, 1975, 197–208

ders., Res publica amissa. Eine Studie zur Verfassung und Geschichte der späten römischen Republik, 2. Aufl. Frankfurt a. M. 1980

ders., Caesar, Berlin 1982

Eduard Meyer, Caesars Monarchie und das Principat des Pompejus. Innere Geschichte Roms von 66 bis 44 v. Chr., 3. Aufl. 1922, Nachdruck Darmstadt 1978

R. Morstein-Marx, Caesar's Alleged Fear of Prosecution and his *Ratio Absentis* in the Approach to the Civil War, in: Historia 56, 2007, 159–178

K. Raaflaub, Dignitatis contentio. Studien zur Motivation und politischen Taktik im Bürgerkrieg zwischen Caesar und Pompeius, Vestigia 20, München 1974

H. Strasburger, Caesars Eintritt in die Geschichte, in: ders., Studien zur Alten Geschichte I, Hildesheim/New York 1982, 181–327 [zuerst 1938]

ders., Caesar im Urteil seiner Zeitgenossen, erweiterte Neuaufl. Darmstadt 1968 [zuerst 1953]

ders., Ciceros philosophisches Spätwerk als Aufruf gegen die Herrschaft Caesars, hg. v. G. Strasburger, Spudasmata 45, Hildesheim 1990

R. Syme, Die Römische Revolution. Machtkämpfe im antiken Rom, Stuttgart 2003 [engl. 1939, 2. Aufl. 1952]

St. Weinstock, Divus Julius, Oxford 1971

K. Welch (Hg.), Julius Caesar as Artful Reporter. The War Commentaries as Political Instruments, London 1998

K.-W. Welwei, Caesars Diktatur, der Prinzipat des Augustus und die Fiktion der historischen Notwendigkeit, in: Gymnasium 103, 1996, 477–497

W. Will, Julius Caesar. Eine Bilanz, Stuttgart u. a. 1992

B. Woytek, Arma et Nummi. Forschungen zur römischen Finanzgeschichte und Münzprägung der Jahre 49 bis 42 v. Chr., Wien 2003

Z. Yavetz, Caesar in der öffentlichen Meinung, Schriftenreihe des Instituts für Deutsche Geschichte Universität Tel Aviv 3, Düsseldorf 1979

Register

C.H.BECK ◪ WISSEN

in der Beck'schen Reihe

Zuletzt erschienen: